W0174233

Max Scharnigg

Das habe ich jetzt akustisch nicht verstanden

und 99 andere Sätze,
mit denen man durchs Leben kommt

Fischer Taschenbuch Verlag

Originalausgabe
Erschienen im Fischer Taschenbuch Verlag,
einem Unternehmen der S. Fischer Verlag GmbH,
Frankfurt am Main, November 2010

© S. Fischer Verlag GmbH, Frankfurt am Main 2010
Satz: Dörlemann Satz, Lemförde
Druck und Bindung: Kösel, Krugzell
Printed in Germany
ISBN 978-3-596-18679-2

Inhalt

»Hauptsätze. Hauptsätze. Hauptsätze«

Kurt Tucholsky

»Passt du mal kurz auf meine Sachen auf?«

 Ein richtiger Urlaub, stelle ich mir vor, beginnt mit einem Blumenkranz um den Hals, mit dem Händedruck eines sauberen Kapitäns oder wenigstens mit einem gichtigen Papagei, der »Welcome, Sugar!« krächzt. Tatsächlich beginnt mein Urlaub aber stets mit diesem Hauptsatz.

Er ist es, der schon heimische Flughäfen mit einer Mischung aus Fremdheit und Gefahr paniert. Egal wo ausgesprochen – der Satz löst ein »Ich muss mir unbemerkt an den Brustbeutel fassen«-Gefühl aus, das mich auf der ganzen Reise begleiten wird, auch ohne Brustbeutel. Denn wenn eines ja wohl klar ist, dann dass in der Fremde alles passieren kann – insbesondere der Raub meines alten Koffers mit Leibwäsche. Gut also, dass ich nicht alleine reise, denn so kann dieser Satz vieles richten. Er schützt einerseits mein jämmerliches Gepäck und unterrichtet andererseits meine, vielleicht allzu sorglose, Begleitung über die Brenzligkeit der Situation. Und zwar auf genehm indirekte Art, denn wenn ich ständig »Hier könnten theoretisch Diebe sein!« flüstern würde, wäre auch die größte Urlaubswonne bald dahin.

Noch schöner ist es, wenn man sich mit diesem Satz in der Fremde nicht nur als Deutscher zu erkennen geben kann (via Sprache & Misstrauen), sondern damit eine solidarische Gemeinschaft begründet. Wer mal kurz auf meine Sachen aufpasst, dem pass' ich mal kurz auf seine Sachen auf. Das ist sehr praktisch, wo es doch keine harntreibendere Umgebung gibt als raschelnde Anzeigentafeln und plätschernde Lautsprecherdurchsagen. Arme Wurscht, die da allein reist und keinen zum Aufpassen findet! Der sieht sich gezwungen, das Gepäck am kirgisischen Urinal zwischen sich und seine internationalen Mitpinkler zu stapeln – ein zuverlässig hässliches Unterfangen.

Auf fremdes Gepäck aufzupassen erhebt mich allerdings auch nur so lange, bis sich folgende Gedanken ein Stelldichein geben: Was, wenn wirklich einer käme und den blauen Hartschalenkoffer des Westenträgers mopsen wollte? Was, wenn den Dieb mein warnendes »He, ich mein, äh!« nicht zur Räson bringen könnte, sondern er mitsamt Koffer im Gewühl verschwände, blitzschnell vielleicht gar? Kann mich der Westenträger dann richtig stark dafür anschreien, oder wird er einsehen, dass er von einem einfachen Aufpasser nicht mehr verlangen kann? Denn hinter dem Dieb her konnte ich natürlich nicht. Wer hätte dann auf mein Gepäck aufgepasst?

»Das habe ich auch, das ist doch von IKEA, oder?«

 Es sind Freitagabende, an denen ich mit Inbrunst über das Reichsein nachdenke. Denn an Freitagabenden suchen hin und wieder Menschlein meine Wohnung auf, die das gemeinschaftliche Antrinken und Palavern im Sinn haben. Diese Besucher und ihre anhängigen Liebschaften mögen es gerne, im Verlauf so eines Abends »Wohnungsführung!« zu zwitschern. Das bedeutet dann nichts anderes, als dass sie, ein Glas in der Hand, durch meinen feuchten Flur flanieren und sich kurzzeitig benehmen, als wären sie in einem Museum. Sie tippen mit ihren Fußspitzen das Mobiliar an, weisen sich gegenseitig auf Dinge hin und zipfen am Boden herum: Ob es Parkett wäre oder doch nur gutes Laminat? Dergestalt stehen sie so lange zwischen Sideboard und Vertiko, bis sie endlich laut und lustig den Ikea-Satz loswerden.

Er erwischt mich meist während des Versuches, neue Kingfisher-

Biere aus der Gemüseschublade des Kühlschrankes zu bergen, ohne dabei am hinteren Hosenbund zu viel Gesprächsstoff freizulegen. Der Satz wird immer in der gleichen Mischung aus Finderglück und Verachtung vorgetragen. Seht, sagt der Satz, seht, unser ach so weltläufiger Gastgeber ist doch einer von uns, da kann er Kingfisher ausschenken so viel er will, sein Schuhregal täuscht uns nicht.

Der Satz ist auch nicht komplett, bis ich ihn, mit der immer gleichen Mischung aus Selbstekel und Schulterzucken, sinnfrei bestätige: »Ja, das ist von Ikea. Und das und das und das auch!« Nie geht das Gespräch von hier aus weiter. Die Entdecker und ich sehen uns nur an, als wären wir am Amtsgericht – randvoll mit menschlicher Schwäche, und die Sekunden vergehen. Was soll ich auch sagen, zur Enttarnung eines Gegenstandes, dessen massengefertigte Herkunft ich gerade glücklich verdrängt hatte? Fortan wird das denunzierte Schuhregal also wieder etwas beliebiger am Eck stehen, die Schuhe werden etwas gröber dort eingeparkt. Denn es ist ja nur und jeder andere hat es auch.

Es wäre eine hübsche Abwechslung, würde mal jemand sagen: »Das habe ich nicht, das ist doch aus dem Antiquitätengeschäft am Eck?« Aber derlei geschieht nie, sie finden überall Ivar und Skepshult, selbst unter Tagesdecken und Gipsverbänden und zerren sie ans Licht. Selbst wenn ich mir ein Visconti-Schlafzimmer aus Pappmaché nachbauen würde, kämen die Menschen herein und würden rufen: »Da, die unscheinbare Vorhangstange, die ist doch von Ikea, oder?« Wie befreiend wäre es, darauf wenigstens mal antworten zu können: »Nein, die ist von Segmüller.« Aber wie viel phantastischer noch wäre es, reich zu sein und zu antworten: »Ja, die sieht aus wie von Ikea. Aber sie ist aus Gold.«

»Die Würstchen sind dann schon mal fertig«

 Früher war es einfach. Papa stand in Schlappen am Grill und war ein Fels mit Mückenstichen. Wir Kinder tanzten um ihn herum und krähten stark: »EinFleischdreiWürstl, einFleischdreiWürstl!« Das war bei uns nämlich die festgelegte Grillration pro Kindskopf, das war, was man bekam. Ich finde das bis heute einen sehr guten Einsatz des Wortes »Fleisch«, so als simpelste und universelle Maßeinheit. Eigentlich funktioniert doch jedes innige Gefühl nach diesem Kindermuster: Ich habe einen Hunger, ich will ein Fleisch. Ich habe Schmerzen, ich will ein Fleisch. Etc.

Heute gibt es natürlich keinen Papa mehr am Grill und auch nicht mehr »ein Fleisch«, sondern ein mariniertes Nackensteak vom Biodiscounter. Es liegt auf einem tiefen Teller und macht da »durchziehen«, und wenn Damen anwesend sind, muss man noch einen anderen Teller umgedreht drauflegen, dann ist es 'ne richtige

Fleischgrotte. Während das Nackengrat oder Halssteak also durchzieht, kaue ich auf einem halben Baguette herum und baue mit Kartoffelsalat auf dem Pappteller die Alpen nach. Dann esse ich sie auf. Dann esse ich auch noch Krautsalat, Brotsalat und Ketchup mit Semmel und einen von diesen Muffins, die immer alle backen und bei denen man schon nach der Hälfte denkt: »Auweia, Backpulver!«

Ich esse das alles nur, weil mich ein schrecklicher Amokhunger plagt, ein Hunger, wie er so wild nur beim Grillen auftritt. Mein Magen will eben, das glaube ich mit Gewissheit sagen zu können, wenn er vor einen Teller gesetzt wird, sofort losessen. Er will jedenfalls nicht zu dem Menschen schielen, der am Grill steht, in den Kohlen rumstochert und sagt: »Das dauert noch was, bis die Glut richtig ist.« Der Grillmagen will viel lieber endlich den Würstchensatz hören. Bis der Satz aber kommt, bis die Glut richtig ist, bis alle verdammten Kinder und Hunde ihre »EinFleischdreiWürstl« im Rachen haben, sind sämtliche verfügbaren Salate und Semmeln in mir drin. Das ist immer so. Ich esse die Würstchen zwar noch, aber es ist dann nur noch wie Feuerwehr ohne Blaulicht: irgendwie nur halb wichtig.

»Bitte lösch' das!«

 Der Selbstauslöser meiner Casio hat gerade zwei Bilder von mir gemacht: Ich, in Bärentöterpose auf selbst gelesenen Artikeln und Aufsätzen kniend, in denen etwas zum Aussterben der Filmkamera steht. Auf dem ersten Bild schließe ich die Augen, auf dem anderen sind ganz viele Kinne zu sehen. Nun, ein Druck, ein kurzes Speicherkartenseufzen und die Bilder sind vernichtet. Zumindest so lange, bis in zwei Jahren ein RTL-Team meine Tür eintritt und mir die Bilder vor die versammelten Kinne hält: »Tjaha, und Sie dachten, Sie hätten die gelöscht …«

In den erwähnten Artikeln übrigens wird das Verschwinden der Filmkamera zwar redlich beklagt, aber man bahnt auch dem digitalen Foto eine Gasse. Praktischer wäre das und schneller sowieso. Und, möchte ich anfügen, es schafft ganz neue, liebenswerte Verhaltensauffälligkeiten im heimischen Straßenbild. Dieser seltsam krampfige 90-Grad-Winkel der Arme etwa, während Menschen zur Motivsuche eine Digitalkamera vors Gesicht schwenken. Oder das umgehende und entrückt-stumpfe Betrachten des gemachten Bildes, als zwingende Reaktion auf jeden Auslöserdruck. Unlängst hatte ich die Ehre, Körperzeuge einer Trauung zweier verknallter Menschen zu werden. Sämtliche angereisten Brautväter verbrachten selbst den »Ja«-Moment in stiller Andacht auf den kleinen Bildschirmen ihrer Kameras beziehungsweise checkten ihn dort kritisch.

Sobald man sich in hemmungsloserem Umfeld bewegt, etwa im Freundeskreis, kommt zu diesen Stereotypen der Digitalfotografie noch das »After-Shoot-Rudel« dazu. Es entsteht, sobald der Typ mit der Digitalkamera ein Aufmerksamkeitsdefizit verspürt und deswegen beim nächsten Blick auf sein Gerät etwas verlauten lässt, wie »Jaha-hu-he, Gottchen, wie seht ihr denn aus?« Da hält es dann auch eingegurtete Rhönrad-Fahrer nicht mehr in ihren Ringen – alles umstürmt den Fotografen und mindestens einer sagt, im Innersten getroffen, den Satz mit »lösch das«. Denn das ist das Gemeine am digitalen Sofortbetrachten – es ist so unerträglich einszueins. Die Zeit, die ein Film während seines Entwickelns verstreichen ließ, bot selbst für die schlimmsten Ansichten, die man danach von sich in der Hand hielt, eine Entschuldigung. Es war eben nicht der Ist-Zustand, sondern irgendwann vor drei Wochen, noch mit den langen Koteletten oder mit der Maulwurfsmütze – halb so schlimm, was interessiert mich mein Gesicht von gestern! Das ist natürlich mit dem Instant-Ergebnis der Digitalen vorbei. Es bleibt nur die bittere Akzeptanz der Katastrophe. Oder das Flehen um Löschung.

»Ich war echt schon ewig nich' mehr bei McDonald's«

 Das ist ein Satz, den ich mit roboterhafter Zuverlässigkeit von mir gebe, sobald das Burgertablett vor mir auf dem Tisch steht. Ich beobachte, wie er auch dann aus meinem Mund springt, wenn ich strenggenommen erst vor einer Woche einen BigMac gegessen habe. Ich sage ihn sogar, wenn ich dort ganz alleine bin. Er gehört also dazu und fungiert vor Ort zunächst als vage Rechtfertigung – damit bloß niemand (auch ich selber nicht) auf die Idee käme, ich ginge zu oft zum Fastfood.

Es gibt für den Satz aber auch noch einen ganzen Hinterhof voll anderer Bedeutung. Wer ihn gelegentlich verwendet, weiß, wie wichtig es dabei ist, in die Worte »echt« und »ewig« alle Nostalgie zu legen, zu der man als Mittzwanziger fähig ist. Das ist eine ganze Menge! Denn man hat dann in seinem Leben längst eine Phase erreicht, in der tägliches Reflektieren das Gefühl vermittelt, Lebenserfahrung zu haben. Der McDonald's-Satz ist dabei auch nur der beliebteste aus einer ganze Reihe ähnlicher Sätze: »Ich war echt schon ewig nicht mehr in einer Schule!« / »Ich war echt schon ewig nicht mehr auf so 'ner richtigen WG-Party!« Und so weiter. Derlei Geschwätz bedeutet in Wahrheit nichts anderes als: »Ich war echt schon ewig nicht mehr jung.«

Wenn ich den Satz also bei McDonald's sage, dann schmeckt mir der Burger besser. Weil ich dem Essen damit etwas verleihe, das PR-Leute »Eventcharakter« nennen würden. Ich stilisiere das McRib-Menü zum Retrotrip. Andere brauchen dafür Festivaltickets und alte Schlafsäcke, bei mir reichen der Satz und ein bisschen Selbstblendung. Denn in Wirklichkeit gibt es in meiner Kindheit und Jugend keine glückliche Epoche, die ich am McDonald's-Tisch verlebte. Mein goldenes Zeitalter als Knäblein verrann, wie sich das gehört, zwischen Baumhaus und Darda-Bahn. Bei McDonald's hingegen ist es, seit ich denken kann, stets gleich trostlos und fett. Trotzdem gehe ich immer wieder mal hin. Jetzt allerdings war ich echt schon ewig nicht mehr da.

»Da wäre fliegen fast schlauer«

 Dieser Satz fasst ein Egodilemma zusammen, durch das ich mich so unbekümmert bewege, als wäre es ein Schmetterlingshaus. Ist er nicht schön vorsichtig aufgebaut, mit einem Konjunktiv und einem Zagwort auf ganzen vier Zentimetern? Er tut, als wäre nichts entschieden, als wäre es meine wirkliche, lautgewordene Überlegung. Tatsächlich ist aber zum Zeitpunkt seines Einsatzes meistens schon alles klar, und die banalen Details meiner Beförderung irgendwohin stehen fest. Ich fahre mit dem Auto nach Bern, mit dem Zug nach Wien oder mit der Zipferlbahn ins Wunderland. Danke, Herr Scharnigg, keine weiteren Fragen. Trotzdem sage ich diesen Satz und keiner, an dessen Ohrgestade er brandet, lässt ihn liegen. Stattdessen lösen Konjunktiv und Zagwort stets ein großes, geselliges Abwägen aus, in dessen Verlauf gleich noch mehr seltsame Sätze gesprochen werden. Zum Beispiel: »Na, du musst aber am Münchner Flughafen

auch 'ne Stunde vorher da sein, und bis du dann in Köln wieder in der City bist … und wenn du dann noch Verspätung hast … musst du auch einrechnen.« Nach dieser Art gibt ein jeder seinen preiswerten Senf dazu und am Ende ist allen langweilig. Der Satz hat ein bisschen Luft umgewälzt und den Tag etwas älter gemacht. Trotzdem ist er wichtig, denn er bedeutet viel mehr, er sagt: Ich könnte fliegen. Weil ich es kann!

Ein 14-Jähriger wird diesen Satz nicht kennen, es sei denn, er ist ein Sohn von Uwe Ochsenknecht. Auch wenn ihn ein szeneüblicher 18-Jähriger spricht, wirkt er noch sehr dünkelhaft. Wenn ich ihn aber, vielleicht in unkommoder Runde auf dem Klassentreffen oder im Gespräch mit angehenden Ex-Bekannten anbringe, dann ist das ein Reflex wie Baumanpissen. Es markiert Ausgewachsenheit, den Vollbesitz meiner Kräfte. Es ist dummes, einfältiges Geschwätz und der Versuch, sich von den anderen Männchen vielleicht für eine Sekunde lang abzugrenzen. Bis sie sich gefangen haben und hinterher schwänzeln – mit ihren detaillierten Erfahrungen von den Flughäfen rund um die Welt, mit immer genauerer Kenntnis der Flugpläne und intimen Einblicken in die Fluglinien. Siegermännchen am Ende so einer Runde wird dann vielleicht der, der ein gespielt-gequältes »Bei der Lufthansa überbuchen sie ja leider immer!« unterbringt. Da bleibt den anderen kurz nur noch vages Nicken und schließlich Trollen in andere Reviere.

»H&M-Jeans passen mir einfach nicht«

 Diesen Satz habe ich selber noch nie verwendet, aber ich kenne ihn trotzdem ganz gut. Allerlei Mädchen sprachen ihn im Lauf der Zeit an mich hin. Ich empfange ihn stets so, wie ein Dorfpfarrer einen kleinen, traurigen Punker empfängt: Mitfühlend, aber auch ein bisschen ratlos. Was soll ich damit? Da hat also ein unbescholtener weiblicher Hintern sein Waterloo erlebt. In einer dieser Umkleidekabinen, deren Wände nicht mehr aus Wandmaterial bestehen, sondern nur noch aus den Fels gewordenen Ausdünstungen von Mädchencliquen: Girl-Guano! Soweit, so mäßig mitteilenswert. Mir passiert das auch.

Aber das Gute beim Hosenkauf ist doch, dass man dabei in aller Regel das einsatzbereite Altexemplar mit sich führt. Da hinein schlüpfe ich nach dem Rückschlag, wie in einen noch wohlig körperwarmen Kokon, und fliehe schnell vor den Neurosen der blöden Neuhosen. Alle Hosenkäufer machen das, und keiner macht so einen Hauptsatz draus, nur Mädchen, die gegen H&M-Jeans unterliegen. Warum?

Sie haben Angst, komplett verwachsen zu sein, weil ihnen eines der wichtigsten Kleidungsstücke eines der wichtigsten Hersteller von Massenklamotten nicht passt! Sie fragen wiederholt stumm ihr Spiegelbild ab, mustern Knöchel, Schenkel, Waden, die doch aber, unter uns gesagt, ganz manierlich aussehen. Sie stellen sich auf die Zehenspitzen und gucken, ob sie Grübchen haben, aber das ändert auch nichts. Sie probieren noch drei andere Modelle in anderen Größen und immer noch sitzt die Krampe quer, die Hosenbeine wellen sich, die Oberschenkel dellen sich und von hinten, ach ...!

Groß ist das Mädchenungemach und dann, dann drehen sie den Spieß um. Sie denken: »H&M Jeans passen mir einfach nicht und zwar, weil ich einzigartig bin!«, rauschen mit diesem Triumph aus der Umkleide, kaufen sich im Weiterrauschen drei Blümchentops, die passen nämlich und abends treffen sie mich auf einer kleinen Hinterhoffeier und sagen stolz und lustig und in alter Jeans ihren Hauptsatz. Er ist jetzt ihre liebenswerte Eigenheit geworden. Und wehe, einer würde dann sagen: »Die Jeans passen dir nur nicht, weil du ein komisches Kugelkopfknie hast.« Das sagt aber keiner. Im Gegenteil – von allen Seiten machen Mädchen jetzt stolze und lustige Gesichter und verkünden durcheinander: »Und mir passen Benetton-Pullover nicht! Und mir passt Esprit-Swimwear nicht!« Und weil keine von der Stange sein möchte, gellt es so noch eine ganze Weile lang niedlich durch die Nacht.

»Ich stehe ja voll auf britischen Humor«

Natürlich müssen wir in diesem kleinen Katalog auch Signalsätze besprechen. Der obige Satz also ist ein Signal dafür, dass ich mich in trotteliger Gesellschaft befinde. Es ist schwierig, all die Dummheiten übersichtlich aufzudröseln, die hier zu einem einzigen kleinen Satz verstrüppt sind. Erstens ist es ein fürchterlicher Allgemeinplatz, über den sein Erzeuger spaziert. Als Endzwanziger zu erklären, dass man »britischen« Humor mag, ist heute etwa so innovativ, als würde mir jemand stolz erzählen, er fände »frische« Luft wirklich super. Höchstens wenn der Papst sich zu britischem Humor bekennt, wäre das noch einer Bemerkung wert.

Zweitens ist es schlimm, dass Menschen den schlappen Satz in einer Weise aussprechen, als wäre er eine wirkliche Werbung für ihr Witzverständnis und damit für sie selber. Sie sagen ja nicht: »Ich stehe voll auf Humor, der auch vor Tabus nicht halt macht.« Das wäre immerhin originell zu hören. Sie meinen aber angeblich einen bestimmten Länderhumor, und der Satz soll ihre Expertise dafür sein – er suggeriert, dass sie noch ganz viele andere Humore kennen. Das tun sie aber nicht, wie auch? Humor ist bis zur Unkenntlichkeit eingemeindet und globalisiert, nicht zuletzt, weil seine größten Multiplikatoren, die Fernsehsender, ihn rund um die Welt verkaufen.

Wenn jemand an mich herantritt und sagt »Ich stehe auf britische Schneiderkunst und auf griechische Fransenteppiche«, dann sage ich »Okay, erzähle mir in mein Ohrmikrofon, wie es dazu kommt.« Das geht also gut. Gerne lasse ich mir auch von einem Briten erzählen, was er lustig findet, denn das ist meistens unterhaltsamer als das, was ich gerade so finde und hoppla: offenbar britischer Humor. Aber renne ich danach rum und erzähle vom britischen Humor? Eben nicht, weil ich auch nach einem Abend mit fidelen Chilenen nicht sage, ich stünde voll auf chilenischen Humor. Und wenn mich ein qualliger Mops zum Lachen bringt, stehe ich dann auf Hundehumor? Nein, diese Verallgemeinerung findet nur bei britischem Humor statt, von dem die Einfältchen denken, es wäre ein interessanter Markenhut, den man auf einer Party anziehen kann.

Damit kommen wir zu der untrüglichen Signalwirkung des Satzes. Wenn einer also ungefragt darauf besteht, britischen Humor zu mögen, soll mir das durch die vertrocknete Blume signalisieren: Achtung, da ist einer auch abwegigeren Sachen durchaus aufgeschlossen, ist so politisch korrekt nun auch wieder nicht und überhaupt, haha, zwinkerzwinker.

Es ist natürlich gar nicht schlimm, wenn jemand in Sachen Charisma nicht das Brausepulver verschüttet. Im Gegenteil, es gibt kaum netteren Umgang als Menschen, die sich ihrer kleinen gesellschaftlichen Unzugänglichkeiten bewusst sind. Anstrengend wird es erst, wenn sie das kaschieren wollen.

Der Satz vom britischen Humor ist, abgesehen von allem anderen, auch eine krampfige Antithese, will sagen: Wer diesen Satz ernst meint, kann das, was landläufig als britischer Humor gilt, gar nicht richtig verstanden haben. Es ist wie »Ich kann Reckschriebung«.

So weit, so erschöpfend. Weil ich aber schon Nettigkeit 3.0 runtergeladen habe, bleibe ich oft trotz Signalsatz noch stehen und frage, was denn und welchen denn, und dann wird es meist richtig unkomisch. Die Satzbenutzer nennen als erste Referenzklasse immer »Mr. Bean«. Der wäre ja so liebenswert schrullig. Und dann natürlich noch, Klassiker ey, die Schlussszene in »Leben des Brian«, in der alle singen, obwohl sie am Kreuz hängen. Das wäre ja wohl wirklich genial, oder? Das wäre ja wohl wirklich very british!

Spätestens dann gehe ich. Not amused.

»Ist da schon Salz drin?«

Je älter ich werde, desto mehr weiß ich. Zum Beispiel, dass es zu jeder großen Erfindung der Menschheit eine Anekdote gibt. Die geht immer ungefähr so: Die Frau des Erfinders wollte damals eigentlich nur die Fenster putzen und mühte sich mit dem schwappenden Putzeimer und der kleinen Leiter ab. Ihr Mann, der Erfinder, kam just in diesem Moment zur Tür rein und sah seiner Frau nachdenklich beim Putzen zu. Dank dieser Inspiration erfand er dann später den Locher oder entdeckte das umgekehrte Bratenaxiom. Wirklich sehr nett, diese Erfindungsanekdoten.

Weil ich kein Erfinder bin, geht es bei mir ganz anders zu. Das nette Fräulein in meiner Küche will eigentlich nur Nudelwasser aufsetzen und müht sich mit dem schwappenden Riesentopf ab. Ihr Freund, der Kolumnist, kommt just in diesem Moment zur Tür rein und sieht seiner Freundin nachdenklich beim Nudelwasseraufsetzen zu. Dank dieser Inspiration erfindet er nichts. Aber er fragt ein paar Sekunden später: »Ist da schon Salz drin?«

Dieser Satz ist der wichtigste unwichtige Satz, den man in einer Küche stellen kann. Ich vermute, dass es auch Paare gibt, deren Kommunikation sich mit den Jahren auf diesen Satz reduziert hat. Wenn nicht mal mehr der Salz-Satz gefragt wird, ist die Beziehung am Ende.

Ich frage den Satz heute reflexartig, sobald ich wallendes Wasser sehe, auch wenn es nur die Sprudeldüse im Pullacher Freibad ist. Dabei ist die Frage bei uns in der Küche eigentlich hinfällig – wenn ich selber Wasser aufsetze, kippe ich immer sofort Salz hinterher, das liebe Fräulein macht es genauso. Wir haben noch nie ungesalzene Nudeln gegessen, es gibt keine nennenswerten Traumata in dieser Hinsicht, auch in der Kindheit: alles salzig.

Trotzdem fragen wir jedes Mal nach, ob der andere schon oder ob man selber noch mal sollte? Das ist im Grunde ein ziemlich offenes Anzweifeln der Geistesgegenwart des Partners. Wenn Streit in der Luft liegt, ist das Salz-Sätzchen deswegen auch eine nützliche Räuberleiter ins Donnerwetter. Meistens aber sagt das Fräulein einfach: ja.

Ich salze dann trotzdem noch mal, wenn sie nicht hinschaut. Das hat gar nichts damit zu tun, dass ich ihr nicht vertraue. Es ist nur so, dass mir das Wasser eben immer so überhaupt nicht gesalzen vorkommt, also rein optisch. Deswegen salze ich heimlich nach und denke an Günter Grass. Das Fräulein hat neulich in einem schwachen Moment gestanden, dass sie es genauso mit von mir aufgesetztem Nudelwasser hält. Das heißt wir haben in den vielen Jahrzehnten unseres Zusammennudelns stets Spaghetti (beziehungsweise Knödel, Reis, Kartoffeln) verkostet, die in doppelt gesalzenem Wasser weich wurden. Geschmacklich ist uns das nie so richtig aufgefallen, jedenfalls kann ich mich keines Tischgesprächs mit diesem

Inhalt entsinnen. Deswegen ist die Frage also eigentlich doppelt hinfällig, weder vergessen wir das Salz je, noch stört es, wenn trotz vorangegangener Salzung noch mal gesalzen wird. Freilich, in einer Kommune kann das schon anders sein, wenn es also ein Dutzend Personen mit Herdzugang gibt, die so verfahren wie wir. Um salzverkrustete Organe zu vermeiden, müsste die Kommune einen Erfinder einladen. Die Kommunardin will dann eigentlich nur Nudelwasser aufsetzen und müht sich mit dem schwappenden Riesentopf ab. Ihr Gast, der Erfinder, kommt just in diesem Moment zur Tür rein und sieht ihr nachdenklich beim Salzen zu. Und dann sieht er zu, wie Ulf, Marieke, Tilly, Sebi und Forella noch mal nachsalzen. Dank dieser Inspiration erfindet er dann einen Topf, der anzeigt, wenn das Nudelwasser bereits gesalzen ist. Oder einen neuen Locher.

»Ist da viel Knofel drin?«

Die Verballhornung des Wortes »Knoblauch« hin zum Ungetüm »Knofel« ist vielleicht das schlimmste Erbe, das uns die 68er-Generation aufgebürdet hat. Rein lautmalerisch bewertet, hat »Knofel« die gleiche miese Qualität wie »Schlüpfer«. Allerdings sind die Umstände, in denen »Knofel« gesagt wird, meist noch weitaus schrecklicher und direkt aus den Toskanazeiten der BRD importiert. Das war eine Epoche, in der es für weltgewandt galt, mit Lehrerfreunden ungewaschen an Holztischen zu sitzen, die man »in den Hof« getragen hatte, um dort dann mediterrane Spezialitäten in teutonischen Mengen zu fressen. Das Griechische oder Italienische wurde dabei vor allem durch ebenjenen überreichlichen »Knofel« markiert. Die Männer, die allesamt Volker hießen, konnten bei diesen Anlässen gar nicht genug betonen, wie gerne sie richtig viel Knofel »verdrückten« und nagten zum Beweis an einer frischen Knoblauchzehe. Die Frauen, die allesamt Jutta hießen, beeilten sich zu versichern, wie gesund der Knofel sei und wie ganz egal ihnen etwaige Gerüche wären, und tunkten zum Beweis ihren Finger ins Zaziki. Der Knofel verschaffte diesen gealterten Lebenskünstlern einen anhaltenden Distinktionsgewinn, für den sich heute zum Glück niemand mehr interessiert. Denn es waren die Eltern von Jutta und Volker, die, wenn sie Knoblauch sagten, eigentlich Gastarbeiter meinten. Der kam nicht ins Haus, weder mit Beinen noch mit Zehen. Noch in den Kochbüchern der sechziger Jahre wurde zur Verwendung von Knoblauch nur in Kleinstmengen geraten, meist in Verbindung mit einer Rechtfertigung für die Erwähnung der unseriösen Knolle.

Volker und Jutta aber lieben genau wegen dieser Abgrenzung den Knoblauch, mehr noch, sie »können nicht ohne«, sie geben ihm ihren Spitznamen und dosieren ihn seit dreißig Jahren in einem Maß über, als könnten sie mit geladener Knoblauchpresse den Muff unter den Talaren weiterhin bekämpfen.

Dieses doofe Knofelgetue wäre nun nicht mehr als eine liebenswerte Eigenheit unserer Eltern und kaum der Erwähnung wert, wenn es nicht auf uns abgefärbt hätte. Gut, glücklicherweise sagt kaum mehr jemand aus der aktuell plappernden Generation das Wort Knofel. Aber das Tischgespräch über die vermutete, mengenmäßige Verteilung von Knoblauch und den Umgang damit, hält sich bis heute wacker an der Spitze der Langweile-Themencharts. Immer noch sitzen mir regelmäßig Menschen gegenüber, die sich nach einem Biss ins Tomatenbrot beim Italiener so hollywoodmäßig mit der Hand Luft in den Mund wedeln. Sie sagen: »Hui, ganz schön Knoblauch, uups!« Dazu gucken sie, als hätten sie aus Versehen ihren Autoschlüssel verschluckt, und erwarten vom ganzen Tisch Reaktionen. Die Reaktionen treffen zuverlässig in Form von grässlichen Phrasen ein: »Knoblauch ist doch super!«, sagt einer, der andere: »Du musst ja heute nicht noch wen küssen, oder?« Großes Gepruste. Falls der zu

Küssende am Tisch sitzt. »Uupps, Jochen, da würde ich heute Nacht lieber ins Hotel gehen!« Größeres Gepruste. »Oder du bestellst jetzt gleich noch mal extra Knoblauch, dann merkst du's nicht!« Riesengepruste. Und die Knoblauchessende hält sich immer noch die Hand vor den Mund, gewillt, den Beifall für ihre große Tat weiter auszudehnen. Wenn es richtig schlecht läuft, geht es jetzt bei jedem Bissen so weiter. Ein anhaltendes Knoblauchgespräch hat niemand verdient, vor allem nicht ich und der Knoblauch. Höchstens Jutta und Volker würden es genießen. Aber die helfen gerade der Uli beim Speicherausbau.

»Erzähl' mir mal einen Schwank aus deinem Leben«

 Ehrlich gesagt: Was die zwischenmenschliche Komödie angeht, so bin ich mit meiner Rolle darin nicht zufrieden. Das lockere Miteinander, das zwanglose Huschhusch und Klippklapp, das bienenartige Umsummen und Bestäuben all der niedlichen Blümchen mit netten Hintern, das habe ich nie richtig gelernt. Es hat nicht an Blümchen gemangelt, es zog mich schon von selbst an die besten Wiesen, aber ich war dort, um im Bild zu bleiben, eher der Gastzaun. Am Rand und hölzern. Ich schiebe das heute vor allem auf mein Standardgesicht. Denn das, was ich auf dem Hals trage, wenn ich gerade nichts Besonderes denke, sieht so einladend aus wie die geschlossene Filiale eines Bestattungsunternehmens. Selbst Menschen, die heute gute Freunde sind, hatten die ersten zwei Jahre Angst vor mir. Obwohl ich sie in meiner Erinnerung damals unentwegt angestrahlt habe! Irgendwann hatte ich immerhin verstanden,

dass ich, wenn ich normal bin, ungastlich wirke. Dauerlächeln wäre eine Lösung dagegen, sieht bei mir aber leider aus, als hätte ich einen Reißnagel im Fuß.

Mit Mädchen ist das natürlich noch mal schwieriger. Mädchen sind ja überhaupt eigentlich so etwas wie personifizierte 6000 Meter Berghöhe – jedes Bewegen in ihrer Umgebung ist doppelt so anstrengend und kompliziert. Der überwiegende Reflex der Damenwelt also auf mein Bestattungsgesicht ist seit jeher eine Frage: Ob etwas passiert sei? Andere nähern sich mit dem vorsichtigen Bedauern darüber, dass es mir in diesem Club, auf dieser Party, in ihrer Nähe, ja wohl offenbar gar nicht gefällt. Manche entschuldigten sich auch vorab erst mal für irgendetwas, dessen Ablehnung sie in meinem Gesicht gelesen haben wollen: Ich weiß schon, du findest das Kleid scheiße.

Das ist also immer von Beginn an ganz schön verkorkst, ich muss jedes derartige Gespräch ex negativo starten. Nein, mir geht es gut, nein, ich bin nicht schlecht gelaunt, habe nicht geweint und finde alles, wirklich alles ganz bezaubernd hier. Punkt, Schweigen, Verstocktsein. Die Mädchen sehen mich auf diese Beteuerung hin zweifelnd an, dann sagen sie, ganz logisch: Warum guckst du dann so? Hierauf erkläre ich, wenn es mir lohnend erscheint, das Problem mit meinem Standardgesicht und daraufhin scheidet sich die Weiberspreu vom Mädchenweizen. Die netten Mädchen amüsieren sich über meine kleine Gesichtskummergeschichte, die ich mit der Zeit charmant und pointiert einstudiert habe. Dann sagen sie etwas Tröstendes, zum Beispiel, dass sie sich wünschen würden, mal ein bisschen ernster und abweisender schauen zu können und dass dauergrinsende Typen ja irgendwie auch dubios wirken. Die Weiberspreu hingegen schluckt meine Geschichte, wie man einen Kaugummi aus Versehen schluckt. Sie glotzen, und während sie glotzen, eiert es deutlich hinter ihren hübschen Stirnkastln. Ich denke mir, was in diesem Moment eiert, ist etwa Folgendes: Der Typ sieht zwar echt depri aus, aber er hat immerhin gerade was gesagt, das ich noch nie gehört habe. Entweder der zieht mich jetzt den ganzen Abend lang mit seiner Ödfresse runter oder das ist echt mal einer von diesen, äh, originellen Typen. Um das zu überprüfen, sag ich mal diesen einen originellen Satz, den ich kenne. Das denken also diese Mädchen in meiner Vorstellung, und schon blubbert aus ihrem Mund der Satz: »Erzähl' mir mal einen Schwank aus deinem Leben.«

»Voll die Pornobrille, ey!«

 In diesem Satz begegnen wir einer verbreiteten Untugend, die gut in unsere sportliche Zeit passt. Es handelt sich um das Totreiten. Das Totreiten ist eine Sportart, die von großen Bevölkerungsschichten ausgeübt wird und zwar interessanterweise nebenbei und ohne es zu wissen. Es funktioniert so: Eine kleine Redewendung schleicht sich in die Gesellschaft ein, ein gelungenes Bonmot, ein Filmzitat oder tatsächlich etwas, das einem hellen Menschen mal einfach so eingefallen ist. Jede Zeit hat diese Glühwürmchen des Alltagsgesprächs, in jüngster Vergangenheit war es z.B. die Wendung »mit Migrationshintergrund«, die erst als semigeniales Konstrukt quasi unter der Bank weitergereicht wurde und jetzt von allen Wänden hallt. Damit ist der nette Schauder an der Sache weg, die Stelle ist nicht mehr kitzlig, die Wendung totgeritten. Das ist eigentlich nicht schlimm, denn Sprache ist ja kein Schokoriegel.

Lästig ist nur, dass es zu jedem dieser ehemaligen Sprachglühwürm-chen Menschen gibt, denen das sehr Tote daran nicht auffällt und die sie deswegen begeistert weiter durch die Gegend fliegen lassen. Meine einzige Tante beispielsweise redet immer noch von den »klei-nen grauen Zellen« und guckt danach stets, als erwarte sie dafür die Verleihung eines Kleinkunstpreises. Andere bringen weiterhin den Satz »Es kann sich nur noch um Stunden handeln« an, als wäre er immer noch ein probates Mittel, um Wartezeit nett zu übertün-chen. Stattdessen erreichen sie damit das Gegenteil – die Wartezeit wird unendlich lang, weil der Witz so unendlich alt / oft gehört ist, dass die Minuten, während denen er in der Luft vergammelt, umso traniger verrinnen.

Mit der »Pornobrille« hat es nun eine ähnliche Bewandtnis. Anfangs mag das eine passende Metapher gewesen sein, für eine Sonnen-brille, deren Design auch von Unbewanderten als »retro« einge-schätzt werden kann und die meistens über einen Goldrand verfügt. Einer derartigen Brille ansichtig geworden, sagte einst also einer, der nicht mehr zu ermitteln ist, nicht: »Voll die Retrobrille, ey«, son-dern er sagte: »Voll die Pornobrille, ey!« Vielleicht weil er sich tat-sächlich an einen Porno erinnert fühlte, in dem ein Protagonist sein Tagwerk mit ebensolcher Brille versieht. Den Beifall der Umstehen-den auf diese geniale Stegreifschöpfung jedenfalls kann man sich vorstellen und der Schöpfer hat ihn zu Recht empfangen. Gut. Nun macht der Begriff »Pornobrille« die Runde und begeistert, weil er noch neu ist, in unzähligen ähnlichen Situationen die Beteiligten, und diese Begeisterung kann auch noch, je nach Geschwindigkeit ihrer Verbreitung, Monate und Jahre damit erzeugt werden.

Aber irgendwann kommt unweigerlich ein Punkt, an dem jeder, der noch aktiv am Leben teilnimmt, von der »Pornobrille« gehört hat und zwar mehr als dreimal. Dann ist es Zeit für den Spruch, in das Vokabular eines Mario Barth eingepflegt zu werden, der eine Art

Gütesiegel für totgerittene Sprüche darstellt. Es ist auch der Zeitpunkt, an dem der Begriff »Pornobrille« bei Google eingegeben auf eigene Pornobrillenwebshops verweist sowie auf Fangruppen, Bands und Karnevalspartys, die sich damit schmücken. Bald wird er auch im Jugendsprach-Duden stehen. Das Wort ist überall angekommen. Eigentlich könnte es sich jetzt auflösen, denn seinen ursprünglichen Zweck, den Witz, hat es ja längst eingebüßt. Aber es bleibt, weil sich immer jemand findet, der damit noch mal ein Kichern abstauben möchte. So wie meine Tante mit den kleinen, grauen Zellen.

»Na?«

Wenn ich mal aus diesen blühenden Gestaden abberufen werde, daraufhin an der Himmelspforte vor den Dr. Schöpfer treten müsste, und er würde mich dort mit einem »Na?« empfangen, dann ginge das schon in Ordnung. Der Gott darf das. Der hat gewissermaßen qua Amt eine solche Autorität, dass er sich zurücklehnen und »Na?« sagen kann, und das Menschlein vor ihm erzählt darauf fromm sein ganzes Lotterleben. Es weiß jedenfalls schon, was gemeint ist. Alle anderen dürfen das »Na?« aber eher nicht. Trotzdem hat es heute das »Wie geht's?« als das abgelöst, was nach »Hallo!« kommt, und ist eine Unsitte. Hatte das »Wie geht's?« schon immer einen aufgesetzten amerikanischen Touch, ist das »Na?« einfach nur wortgewordene Maulfaulheit und Kennzeichen von Blasiertheit.

Als solcherart Begrüßter soll man sich gefälligst aussuchen, was auf das »Na?« zu erwidern ist, es lässt einem schließlich alle Möglichkeiten. Zum Beispiel könnte man einfach »Ja« sagen und weitergehen, da hätte man nichts falsch gemacht und wäre nicht mal unhöflich. Es gibt auf »Na?« eben keine richtige, falsche oder erwartete Antwort, das macht diese Floskel so unangenehm. Man kann sie sogar nicht mal an den »Na?«-Sager retournieren, was bei »Wie geht's?« immerhin blendend funktionierte. Doch selbst wenn man auf das »Na?« mit der gebotenen Höflichkeit erklärt hat, woher man kommt und wohin man geht, lässt sich daran schwer »Und jetzt also zu dir: Na?« anknüpfen. Nein, es gehört immer nur dem einen von zwei und ist deswegen wie ein Pokal beim Tennis, nur dass ein Spieler ihn schon vor dem Spiel mit auf den Platz nimmt und auf seine Seite stellt.

Das »Na?« war auch noch nie freundlich gemeint. Strenge Eltern und moralische Kommissare benutzen es seit jeher, wenn einem Lausbuben das Stündlein der Reue schlagen soll. Dazu kommt noch die unfeine körperliche Untermalung des »Na?«. Es ist ein reines Kinnwort, das bedeutet, das Kinn wird dabei gleichzeitig maximal rausgehängt und hochgerissen. Im Idealfall entfleucht dann das unselige »Na?« am Scheitelpunkt der Kinnumlaufbahn – quasi als verbaler Hammerwurf. Solcherart beworfen, fühlt man alles andere als die Erotik des Smalltalks und darf deswegen gerne weitergehen, finde ich. Findet Gott sicher auch.

»Am meisten vermisse ich
das deutsche Brot«

 Manche Komplexe tröpfeln mir nur langsam und wie warm gewordenes Calippo-Eis ins Bewusstsein. Zum Beispiel: Ich war noch nie länger im Ausland. Mir fehlt dieser abenteuerliche Schauer, mit dem man das eigene Klingelschild irgendwo an einer Palme oder Pyramide befestigt. Mir fehlen die wilden Erlebnisse beim Kontoeröffnen in einer Sprache, die man zwar leidlich spricht, in der man aber trotzdem diese ganzen Bankfachausdrücke null versteht. Heimweh kenne ich nur aus dem Duden, und ich durfte auch noch nie diesen schönen Hauptsatz aussprechen, der zum Gepäck eines Auswanderers gehört wie gute Hoffnung.

Nun ist mein Leben trotz dieser Versäumnisse nicht gerade arm an Auswanderproblemen. Im Gegenteil, die Sorgen der Exilanten häufen sich bei mir daheim wie die Zettel der Pizzadienste, denn das Fernsehen spuckt sie mir rund um die Uhr ins Zimmer. Falls der

Fernseher mal aus ist, rufen mich meine sieben schlimmen Schwestern oder ehemalige Bandkollegen mitten in der Nacht an und erzählen mir, dass sie gerade in einer total witzigen Telefonzelle am Südpazifik stehen. Im Hintergrund klingt es aber nicht nach Südpazifik, sondern nach Bundeskegelbahn. Dieses dumpfe Gepolter stammt, wie die lieben Anrufer dann erläutern, von »so verpeilten Typen« aus Baden-Württemberg, die sie irgendwo kennengelernt haben. Denn das Kennenlernen von verpeilten Typen aus Baden-Württemberg oder Belgien stellt einen ganz wesentlichen Teil jedes längeren Auslandsaufenthaltes dar! Mit ihnen, so entnehme ich der Überseebrüllerei, solle gleich zu einer deutschen Bäckerei getrampt werden, die angeblich nur achtzig Meilen entfernt im Busch oder in der Taiga echtes Brot herstellt. Denn bei aller Abenteuerlichkeit: Das deutsche Brot, das würde ihnen doch wirklich abgehen, sagen die Anrufer.

Natürlich habe ich weder meine sieben Schwestern noch meine Bandkollegen je genussvoll deutsches Brot essen sehen. Immer gierten sie doch nach Baguette und Weißbrot und Zuckerkringeln. Jenes Graubrot, für das sie dort in Flipflops durch die Serengeti laufen, war ihnen hier so genehm wie ein voller Mülleimer.

Die Anrufe werden dann für gewöhnlich bald unterbrochen, und ich höre nur noch das Rauschen des Pazifiks. Jedenfalls bin ich danach wach in meiner Graubrotwelt und schalte den Fernseher ein. Dort erklären die Auswanderer mittlerweile schon am Flughafen in Frankfurt, dass sie wahrscheinlich das deutsche Brot am meisten vermissen werden. Sie wissen das schon. Ihre lieben Familienangehörigen, die mit lauter Hunden mit zum Flughafen gekommen sind, hören das natürlich nicht so gerne. Sie wollen gefälligst mehr vermisst werden als das dumme Graubrot! Darauf lächeln die angehenden Auswanderer nur wissend: Wie können wir Daheimgebliebenen schon den verwirrend schönen Zauber der Ferne verstehen?

»Ich liebe den Geruch von Sommerregen auf der Straße«

 Zweifelsohne ist der Geruch von Sommerregen auf der Straße eine dolle Sache. Es ist ein Düftchen aus Staub, warmem Asphalt, aus Himmelfeucht und frischer Baumwolle, das immer nur in den Minuten vor einem großen Gewitterregen durch die Straßen zieht – entfacht durch die ersten dicken Platschtropfen. Mit dem richtigen Regen dann vergeht es wieder, ja man erwischt eigentlich nie mehr als drei Züge davon. Danach ist aus dem Sommernachmittag meist ein Abend geworden, und auf den grünen Stapeltischen der Wirtshäuser stehen Pfützen, die keiner mehr abwischt. Diese ganzen Begleiterscheinungen, nicht nur sein seltsames Aroma, machen den Sommerregenduft derart erstaunlich, dass sich jeder bemüßigt fühlt, darauf hinzuweisen – ähnlich wie auf einen Regenbogen, da wird ja auch immer drauf hingewiesen, dass es kracht.

Man riecht sich also nicht satt am Sommerregen, und jeder mag ihn, selbst der unsinnlichste Smoothie-Presser. Das ist interessant, denn was die olfaktorischen Vorlieben anbelangt, geht doch sonst das Völklein auseinander wie eine alte Heckenschere. Der eine riecht Tesafilmstreifen gerne, der andere schnüffelt an der SuperPlus-Zapfsäule rum, bis der Tankwart aus dem Häuschen wetzt. Ich liebe zum Beispiel den Geruch der Münchner U-Bahn-Treppenschächte, der ein seltsames Gemisch aus Bremsabluft und Brausekeller ist, eine mechanische Brise, die mir jedes Mal direkt unter die Hirninde zieht und da die Türen auf- und zugehen lässt. Dieser Münchner U-Bahnduft weht am stärksten auf den Treppen, die nach unten führen. Am Bahnsteig selber ist er schon wieder ausgedünnt. Geht man treppauf Richtung Oberfläche, funktioniert der Duft gar nicht – ein Phänomen! Es handelt sich also um ein Einwegriecherlebnis, nur zum Runterschnüffeln, nicht zum Raufschmecken. Ich habe diesen U-Bahn-Geruch schon gemocht, als ich noch mit der Kinderfahrkarte fahren durfte. Und schon damals scheiterte mein Versuch, auch meine Mutter dafür zu begeistern oder gar mit ihr auf der Treppe eine Pause einzulegen, zum Zwecke des genussvollen Einatmens. Sie gab jedes Mal vor, nichts Besonderes zu riechen. Das war natürlich eine Ausrede der Erwachsenen, die nun mal manche Dinge, die primär toll sind, aus sekundären Gründen ablehnen und das für einen Fortschritt halten.

Leider ist es bis heute bei meiner Solobegeisterung geblieben. Ich liebe den Duft auf der U-Treppe weiterhin und binde mir dort mit Vorliebe und völlig benebelt die Schuhe. Immer wieder rede ich in traulichen Runden vom Zauber des Münchner U-Bahn-Treppenduftes, aber nie hakt jemand ein, ergänzt oder möchte anfügen. Niemand teilt meine Begeisterung für diesen absurden, schönen Hauch aus dem Untergrund. Alle gucken sich nur scheel von der Seite an und sagen »Is' mir jetzt noch nich' aufgefallen. Aber kennt ihr den Duft, wenn's im Sommer so regnet ...«

»Die Eskimos haben ja 90 verschiedene Worte für Schnee«

Ich weiß schon, man sagt heute statt Eskimos angeblich Inuit oder eigentlich noch korrekter: Original Kaltgebietsmenschen. Aber damit wäre der ganze Satz nur noch halb so geheimnisvoll, deswegen schreibe ich jetzt weiter von Eskimos.

Ich finde das ja vollkommen faszinierend, 90 Worte für Schnee! Allein diese gerade Zahl! Hat da der eine Eskimo zum anderen gesagt: »Du, pass auf, jetzt haben wir schon 89 Worte für Schnee, jetzt machen wir halt noch eines, dann ist es rund.«

Das heißt, ehrlich gesagt, wenn man diesen Satz einmal über die Jahre verfolgt, dann variiert die Zahl der Worte, die Eskimos für Schnee haben sollen, ganz schön. Manchmal ist zum Beispiel auch von 90 Worten für Eis die Rede, nicht für Schnee. Da muss ich bei den Leuten, die mir das erzählen, immer nachfragen. »Echt, auch 90 Worte für Eis? Ich dachte immer nur für Schnee!« Dann überlegen die Eskimospezialisten kurz und sagen ziemlich sicher: »Nein, auch für Eis.« Beinahe wären sie auf ihrem eigenen Eis ausgerutscht, aber so gibt es jetzt eben 90 Worte für Schnee und für Eis.

Dass dieser Satz seit Jahren so beliebt ist wie ein kleines Steak, hängt mit dem romantischen Ethnoschauer zusammen, den er verströmt. Ich meine, gibt es was Poetischeres als die Vorstellung von einer Eskimofamilie, die im Iglu sitzt und aus dem Iglufenster nach draußen in die Eiswüste schaut? Wo dann das Eskimokind an den Frostgardinen hochklettert und sagt: »Guck mal, es schneit!« Und diesen Satz wiederholen alle im Kreis, nur eben mit einem immer anderen Wort für Schnee, ist das nicht wunderwunderschön? Die Prozedur dauert zwar zwei Stunden, aber viele Eskimokinder, die heute als Erwachsene in Städten wie Oldenburg oder Turin leben, erzählen, dass diese Schneegespräche das Schönste in ihrer Kindheit waren. Und dass der Eskimooma immer das 90. Wort für Schnee nicht eingefallen wäre und der Eskimopapa immer zwischendurch eingeschlafen sei. Ist das nicht nett?

So oft man also Menschen oder deutsche Fernsehfilme trifft, die verzückt diesen Satz verkünden, so selten trifft man welche, die wirklich schon mal durch Eskimoland geschlittert sind. Aber das ist auch gut so, denn am Ende würden diese Wahrheitsfanatiker doch alles kaputtmachen. Man stelle sich vor, die kämen aus dem ewigen Eis zurück und würden ihren Freunden auf dem nächstbesten Kino-Open-Air berichten, dass die Eskimos von heute nur noch 14 Worte für Eis haben. Oder dass die Worte für Eis und Schnee zusammengelegt wurden und sich da oben am Pol jetzt überhaupt niemand mehr auskennt. Wären das nicht grässliche Nachrichten, denn schließlich, was bleibt schon übrig von unserem Eskimowissen, wenn das mit den Worten für Schnee wegfällt? Und was sollen wir sagen, wenn wir in romantischer Stimmung sind? Nein, die Eskimos müssen das mit den 90 Worten für Schnee unbedingt weiter betreiben, vielleicht kann man das ja auch unter UN-Schutz stellen, so als erhaltenswerten Mythos, vielleicht? Gerade jetzt, wenn der Klimawandel zuschlägt. Dann könnten wir unseren Enkeln immerhin noch sagen: »Die Eskimos hatten mal 90 Worte für etwas, das ihr gar nicht mehr kennt!«

»Das hat bei Öko-Test aber ›sehr gut‹ gekriegt«

 Unter realen Bedingungen erfährt dieser Satz meist noch mehr Verstümmelung. Dann sage ich eigentlich nur: »Des da hat Öko-Test sehr gut!« Ich lasse also einen räudigen Hund von einem Satz auf meiner Zunge Gassi gehen. Dabei zeige ich auf eine Zahnpasta oder ein Stück Käse im Regal, denn wir befinden uns in einem Supermarkt, meine beloved feste Freundin und ich. Der Witz ist jeweils der, dass wir da ja eigentlich erst das wahnsinnig teure Markenprodukt nehmen wollen, um unser Leben mit dessen Markenimage ordentlich aufzupolieren. Dann aber sehen ich oder das Fräulein den Öko-Test-Wimpel an der wahnsinnig billigen Kartonmargarine und nehmen die – unter Ausposaunung des Hauptsatzes.

Dieses Verhalten, das sich relativ problemlos auch auf Bio-Siegel, Regionale-Produkte-Siegel, Delphinfreundlicher-Thunfischfang-Siegel und Frei-von-Geschmacksverstärker-Siegel übertragen lässt, macht den Einkauf kurzweilig. Denn es ist ja so ein bisschen wie Schatzsuche, nur dass es statt eines Schatzes ein gutes Gefühl zu finden gibt. Man mag glauben, an was man will, der Griff zur Öko-Test-sehr-gut-Zahnpasta leiht einem für eine kleine Weile so ein gutes Gefühl aus. Er bewirkt, jedenfalls bei mir, eine kurze Linderung der Alltagsschärfe. Mit dieser Ökopaste in meinem Einkaufswagen also, das denke ich wirklich kurz, wird vielleicht alles wieder gut werden. Sie wird besser schmecken als alle anderen, und sie wird Zähne, Zunge und Zäpfchen so richtig aufmischen – so sehr, dass Wildfremde beim Vorbeigehen sagen: »Haste das Zäpfchen von dem gesehen, das war eins a!«

Ich erliege somit pfeilgerade dem Trugschluss, dass etwas, dessen einziges Verdienst es war, bei Lebensmittelchemikern nicht negativ aufzufallen, mit mir aktiv irgendetwas macht. Hier der Kindergedanke: Wenn ich krank bin, esse ich Salat, weil der gesund ist. Zum Vergleich mein Gedanke: Wenn ich voll mies bin, nehme ich Öko-Test-sehr-gut-Sachen, weil die voll herrlich sind.

Natürlich relativiert sich dieses Dummdenken schnell, zum Beispiel, wenn ich die Ökopasta am Abend dann gleich auf die Zahnbürste klatsche, obwohl in der alten Tube noch genug drin wäre. Ich scheure und putze in einer Art, dass sich Karius und Baktus in die Hose machen – aber nichts passiert. Das Zeug schmeckt wie Unkrautpesto. Danach zahne ich in den Spiegel und warte auf etwas. Ein grüner Daumenhoch neben meinem Kopf oder eine gefunkte Grußbotschaft von meinen Nieren, die kein Gift mehr zu entsorgen haben. Es kommt aber nichts. Es ist alles wie immer. Und die Thunfische hauen den Delphinen eine rein.

»Was denkst du gerade?«

 Ich finde, das was man gerade denkt, wird in seiner Bedeutung für die Weltöffentlichkeit völlig überschätzt. In den seltensten Fällen denke ich jedenfalls etwas, das zum sofortigen Meiseln in Kalkstein geeignet wäre. Ich kann da aber nur für mich sprechen und nicht für Churchill oder Marcel Proust, die vielleicht immer Premiumgedanken hatten. Oft hat mein Denken nicht mal mit der aktuellen Situation zu tun, sondern schippert in abseitiger Unschärfe herum. Manchmal ist auch nur Pausenmusik in meinem Kopf – gespielt von dieser Dixieband aus der Knoff-Hoff-Show, bei der bärtige Männer Westen trugen und ab und zu aufstehen mussten.

Beim morgendlichen U-Bahnfahren zum Beispiel denke ich wahnsinnig wenig und nur Schnipsel wie: Hund in Terracottafarbe / Rolltreppe Trollreppe / Alte Menschen ungeil allgemein hey so darfste nich denken / Selber Werbeplakat / alles teuer / Ulm / Bettwärme

Wettbärme / ... ein fortlaufender Strudel eben. Wenn mich da einer von den alten Menschen auf der Rolltreppe anhalten würde und fragen: »Was denken Sie gerade?«, dann müsste ich tatsächlich oft auch zugeben: »Ich denke, dass ich gerade Rolltreppe fahre.«

Die alten Leute fragen das aber nie, es pieksen mit dieser komischen Frage nur besinnliche Mädchen in lauschige Momente hinein. In Momente, in denen man meistens ohnehin nichts denkt außer: Ja. Nein. Oder: Schön. Damit kann man die Frage aber nicht beantworten. »Ich denke gerade Yeessss!«, das kann man nicht bringen. Denn es soll ja eine sehr innige Frage sein. Es ist die Frage, die man stellen muss, um von einer »Ich und Du so nebeneinander«-Situation auf eine »Wir beide in toller Privatvertrautheit«-Situation zu kommen. Das Seelische soll angezapft werden. Nett gedacht, aber unmöglich.

Denn wenn man mir diese Frage stellt, höre ich auf, das zu denken, was ich eigentlich gerade dachte, und denke stattdessen: Menno, was sage ich jetzt? Denn das sollte doch gleichzeitig reflektiert und lieb, originell und so zukunftsweisend sein, dass sich ein paar Minuten darüber reden lässt.

Krampfhaftes Kramen im Pointenkeller also. In deutschen Fernsehfilmen sagt Jana Pallaske in diesen Momenten immer etwas wahnsinnig Unvorbereitetes, worüber dann alle Beteiligten prusten müssen, und die Situation ist über den Jordan. Derartiges fällt mir aber nie ein. Deswegen gehöre ich zu denen, die geneigt sind »Nichts« zu sagen. Gewissermaßen im Affekt und weil mir ja auch wirklich nichts einfällt, ist das nahezu ehrlich. In dem Moment in dem ich das »Nichts« aber vom Stapel lasse, finde ich es wieder ganz dumm. Wer geht schon mit dem Vakuum in seinem Kopf hausieren? Das »Nichts« löst auch immer große Enttäuschung bei den Fragenden aus. Deswegen schiebe ich gekonnt unsouverän hinterher: »Also ganz viel durcheinander, ich weiß auch nicht.«

Denn so ist es doch. Ich denke gleichzeitig immer alles und gar nichts. Ich bin wie einer von diesen großen Kaffeeautomaten, die ganz ruhig im Eck stehen, aber wenn man dann auf einen der vielen Knöpfe drückt, läuft unten sofort die Soße raus. Das kommt ja dann auch nicht aus dem Nichts.

»Warst du schon auf der Wiesn?«

 Ich möchte kein Büroflur sein. Nicht in München und nicht in diesen zwei Wochen. Sonst schon. Aber in diesen zwei Wochen sind die Münchner Büroflure überdick tapeziert mit dieser Frage, genau wie die Bahnsteige und Unterführungen, die Raucherecken und ja, auch die Kreißsäle und Kranfahrerkabinen der Stadt. Überall fragt ein Münchner einen anderen, ob er das »größte Volksfest der Welt« (James Last) schon mit seiner Anwesenheit beglückt habe. Dabei steht die Frage meist gar nicht im Dienst irgendeiner Neugier. Die Antwort ist allen gehörig wurscht. Nein, wir Münchner fragen diese Frage nur deswegen ununterbrochen, weil wir uns in einem komischen Zustand befinden. Wir haben ein zweiwöchiges Weltereignis im Vorgarten. Die Menschheit schaut uns ein paar Tage lang in den Bauchnabel. Es sind Gäste da, Herrgott! Wir müssen doch irgendwie so tun, als würde uns das interessieren.

Denn die Theresienwiese liegt so günstig, dass man auch als Fahrradkurier tagelang nicht unbedingt daran vorbei muss. Stadtplaner und Hobbyastronauten nennen so etwas den blinden Fleck einer City. Wer also nicht direkt daneben wohnt, vergisst drei bis fünf Mal am Tag, dass gerade Weltereignis ist. Es spektakelt da so vor sich hin, und man denkt nicht dran. Abends schlägt man das Plumeau zur Seite und besinnt sich erschrocken: Herrje, den ganzen Tag nicht an die Wiesn gedacht, ja bin ich denn ein Depp, ein ganz unmünchnerischer? In dieser inneren Bedrängnis ruft man schnell Bekannte an und fragt, wie nebenbei, den Wiesn-Satz. Wenn man Glück hat, erwischt man sie kalt und mit dem Geständnis: »Ach, Wiesn, stimmt, habe ich ja ganz vergessen!« Da wogt dann durch den Telefonhörer eine Eisbachwelle der Selbstbezichtigung und stillen Scham.

Extra für die nördlichen Stadtteile Münchens, wo man das Oktoberfest besonders leicht aus den Augen verliert, wurde deshalb vor Jahrzehnten auch der Zeppelin eingeführt, der als bedrohliches Zäpfchen dort herumbrummt. Diese fliegende Erinnerung an die Wiesn haben die Nordmünchner so verinnerlicht, dass während der Fußball-WM, als auch Zeppeline eingesetzt wurden, etliche Familien in Tracht an der leeren Theresienwiese auftauchten. Fehlgeleitet von ihrem Pawlowschen Zeppelinreflex! Weitere Merkhilfen für uns Münchner sind die Fähnchen an den Straßenbahnen, so klein, dass Außenstehende sie gar nicht wahrnehmen. Uns aber gemahnen die Fähnchen zuverlässig ans »german beerfest« (Immanuel Kant) und daran, dringend ein bisschen stolz zu sein.

Für Pendler, die aus dem Speckgürtel anfahren und Fähnchen und Zeppelin vielleicht übersehen, hat sich die Stadt in den letzten Jahren besondere Hinweise ausgedacht. Über Nacht installieren Foodstylisten in S-Bahnen und Zügen kunstvolle Kotzlachen und zerschmetterte Bierkrüge – als dezente Anreize für die erste Wiesn-Frage des Tages.

»Ich bin ja mit Namen ganz schlecht!«

Die kleinste Maßeinheit, die ich kenne, ist jene, die bei mir zwischen einem Vorstellen und dem Vergessen des vorgestellten Namens vergeht. Selbst wenn ich mir höchstbestimmt vornehme, einen Namen zu merken, ist er weg. Ein Vögelchen kommt und trägt ein Zweiglein im Schnabel, das legt es statt des Namens in meinen Kopf. Zum Glück aber gibt es diesen Hauptsatz, der nichts anderes ist als eine pfiffige Unverschämtheit. Er tut schließlich so, als wäre meine Hirnträgheit eine amtliche Unpässlichkeit, ein medizinischer Befund, so ähnlich wie Rot-Grün-Blindheit. Im Grunde gehört der Hauptsatz aber geschwisterlich zu dem Satz von den schweren Knochen, den man sagen muss, wenn mal die Waage durchdreht – eine Entschuldigungsfloskel, die keiner glaubt, aber alle akzeptieren. Ich sage ihn also anstelle des vergessenen Namens und die Angesprochenen geben mir keinen Nasenstüber, sondern wiederholen brav, was bei ihnen im Pass steht.

So weit, so namenlos. Es kommt aber noch feister, der geneigte Leser ahnt schon: Ich bin auch mit Gesichtern schlecht. Ich bin mit Namen und Gesichtern schlecht! Das bedeutet, wenn sich mir jemand in zutraulicher Absicht nähert, gar schon die Hand in meine Richtung hält, dann weiß ich erst nicht, wer es ist, und kurz darauf nicht, wie er heißt. Ich agiere also in diesem weltweiten Zirkus von Erkennen und Wiedersehen wie ein Betonpfeiler, der am Rheinufer steht: Alles zieht an mir vorbei und in mir regt sich wenig beziehungsweise nix.

Menschen, die Zutritt zu meinem Gefühls-Backstagebereich haben, deuten meine Namens- und Gesichtsschwäche dahingehend, dass ich mich schlicht nicht für Menschen interessiere. Das klingt unfein, das klingt, als würde ich wie ein alter Hobel über das hinweghobeln, was jedes Menschenkind so zauberhaft einzigartig macht: Name und Nasen-Augen-Mund-Konstellation abgehobelt, übrig bleiben bare Kegel in Hautfarbe.

Was ich mir im Gegensatz dazu wunderbar merken kann, sind zum Beispiel Straßenkreuzungen oder so Kurven und Biegungen, die ich einmal gegangen bin. Da kann ich an einer ganz unscheinbaren Kurve vorbeikommen, die ich vor Jahren im Dunkeln entlangschritt, und erkenne sie trotzdem sofort wieder. Interessiere ich mich also mehr für Kurven und Straßenkreuzungen als für Menschen? Müsste ich mit dieser Fähigkeit nicht Landvermesser oder wenigstens Straßenranddesigner werden? Gleichzeitig ginge ich ungern mit Straßenkreuzungen oder Biegungen einen Kaffee trinken oder gar gleich ins Bett. Für derlei müssen schon noch Menschen herhalten und also auch weiter der Satz vom fehlenden Namensgedächtnis. Mit dem stehe ich, zum Glück, nicht alleine da. Nahezu jeder benutzt ihn gelegentlich, dagegen mangelt es eindeutig an Menschen, die verkünden, dass sie einfach ein komplett durchschnittliches Namens- und Personengedächtnis haben. Oder hat das nicht neulich der Dings sogar gesagt? Der mit den blonden, nee, der mit der Nase?

»Ich vertrag' echt überhaupt nix mehr«

Einen Großteil meines Kindseins habe ich mit dem Nachdenken über seltsame Sachen verbracht. Wozu die ganz kleinen roten Läuse auf der Gartenmauer eigentlich gut sind. Ob ich mal eine so dicke Zahnwehbacke haben werde, dass ich sie mit einem Taschentuch um den Kopf binden muss und so. Mit dem Hineinwachsen in zweistellige Altersstufen wurde mein Nachdenken nicht weniger, nur universaler, Anspruch und Witz haben deutlich eingebüßt. Außerdem war tagelanges freies Grübeln gar nicht mehr möglich – Lehrer und Dozenten taten alles dafür, es nicht so weit kommen zu lassen.

Ehe mir das alles aber so richtig klarwird, hocke ich schon eines Abends, die allerletzten Prüfungsergebnisse in der Tasche, im »Orang-Utan« und trinke vom Bier. Weil das da alle machen. Das Interessante beim Biertrinken in Jungsrunden ist ja, dass man es quasi doppelt im Mund hat. Trinkend und redend. Wenn man eine

Suppe isst, erzählt man gemeinhin nicht noch zwei Stunden lang davon, wie es das letzte Mal war, als man Suppe gegessen hat, und wie man es allgemein so hält mit dem Suppeessen. Und schon gar nicht erzählt man, wie viel Suppe irgendwelche anderen Menschen vertragen, das interessiert nämlich niemanden, außer Suppenmarketingexperten.

Mit Bier macht man das aber alles. Jungs können richtig viel übers Trinken reden. Man denkt dann minutenlang über die Trinkabfolge auf der letzten Party nach. Oder veröffentlicht seitenlange Getränkekombinationen, von denen abzuraten ist. Wichtig ist jedenfalls, dass in jeder dieser Gesprächsrunden einer am Tisch sitzt, der dann den Hauptsatz sagt. Auf die Andeutung, nicht mehr so viel zu vertragen wie früher, folgt mit großer Sicherheit noch die Schilderung eines Katers, der sich über phänomenale vier Tage hingezogen haben soll. Und das, Achtung: obwohl er doch nur drei Weißwein und zwei Schnaps hatte! Als wäre der Kater eine Politesse, bei der man sich beschweren kann. Fassungsloses, gebanntes Entsetzen in der Jungsrunde. Beifälliges, wissendes Nicken derjenigen, die diesen Satz auch im Repertoire haben. Alle picheln danach natürlich weiter, als wäre nichts gewesen, auch der Nixmehrvertrager. Das ist nämlich das Gute an diesem Satz, er hat überhaupt keine Konsequenzen. Er ist nur so eine Art memento mori unter Schluckheimern, eine ferne Mahnung, dass der Brunnen vielleicht mal voll sein könnte.

Wie jeder, der den 25. Geburtstag erlebt hat, nutze ich den Satz auch regelmäßig als vage Entschuldigung. Immer dann, wenn es mal nicht mehr so klappt mit dem Ausflippen.

»Das kann ich von der Steuer absetzen«

 Früher dachte ich, »selbstständig«, das wäre für sich schon ein Beruf. Beruhigend ist, dass in großen Städten heute immer noch ziemlich viele Menschen so denken. Die meisten davon sind mit mir entfernt bekannt und etwa so alt wie ich. Also gerade noch jung genug, um selbst eine 58-Stunden Woche oder einen klingelnden Gerichtsvollzieher spielerisch zu nehmen. Und irgendwie denkt man in den schwachen Momenten dieser Lebensphase auch, man könnte zur Not doch noch mal in sein Kinderzimmer zurückziehen. Wenn es mal ernst wird. Denn die meiste Zeit ist das Leben in meinen Kreisen erschreckend unernst. Hauptsächlich schicken wir uns gegenseitig Bilder mit Witzunterschriften, so sieht's doch aus. Zur unbedrohlichen Wahrnehmung des Lebens trägt der Hauptsatz von der Steuer einen wesentlichen Batzen bei. Die lieben selbstständigen Kollegen sagen ihn nachts im Taxi und mittags beim Schaufensterbummel

und zücken dadurch befeuert sorglos die Kreditkarte. Selbst nach den Eintrittskarten, mit denen man in das Zelt der Dame ohne Unterleib und des dirigierenden Schimpansens kommt, schnappen sie in einer Art, dass ich Angst um meine Finger kriege.

Mit der Quittung in den Händen kommt ihnen dann der Hauptsatz nach Gutsherrenart aus der Backe. Stolz sind sie, haben eine fette Steuerersparnis erlegt und sind kurz davor, sich mit ihr fotografieren zu lassen. Der Satz jedenfalls entschuldigt alles – das Herumkriechen unter fremden Cafétischen genauso wie Prügeleien mit Kellnerinnen. Ich bin chronisch neidisch, weil diese Menschen offenbar Zugang zu anderen Steuergerechtigkeiten haben als ich. Ich kann gar nichts absetzen und habe vor meinem Steuerberater mehr Angst als vor dem Finanzamt. Er empfängt mich einmal im Jahr in seinem Zimmer genau in der Mitte zwischen zwei Aktenordnerwänden, die so groß und voll sind, dass die Firma Leitz sie als Steinbruch nutzen könnte. Da sitzt er, genau mittig, der Herr Becker, und guckt mich ganz mittig an. Ich trage einen kümmerlichen Ordner mit mir, der meine Steuer sein soll. Jedenfalls habe ich das auf den Ordnerrücken geschrieben, in Achtklässlerschrift, die Herrn Becker erst mal die Brille abnehmen lässt und die Augen müde reiben. Was dann folgt, ist ein Gespräch, in dem ich die von mir gesammelten Quittungen erklären muss. Becker fragt: »Was haben Sie hier am 8. August bei dem dirigierenden Schimpansen gemacht«? Ich: »Gelacht, äh, ich meine, das war so eine Art Betriebsausflug, Sie verstehen.« Ich mache Zwinkerzwinker. Aber Becker hat gar nichts, mit dem er zurückzwinkern könnte. Er sieht mich an, dann sagt er: »Kommt nicht durch«, und wirft die Eintrittskarte, die ich jahrelang aufbewahrt hatte, einfach weg. So geht es mit den meisten meiner Quittungen. Kaum eine findet vor Herrn Becker Gnade, bei einigen sagt er: »Können wir versuchen, aber ich sag' Ihnen gleich ...« Das Ganze ist so zermürbend, dass es mir hinterher jedes Mal vorkommt, als wäre das jetzt schon die Steuererklärung gewesen. Jedenfalls entspricht es dem Begriff wesentlich mehr als der gesichtslose Briefverkehr mit dem Finanzamt.

Das Einzige, was Herr Becker immer von meiner Steuer absetzen kann, ist sich selber. Das freut uns beide dann sehr. Mich, weil ich mir immer kindisch vorstellen muss, wie sich Herr Becker selber subtrahiert, hihihi. Ihn, weil er nächstes Jahr noch mehr auf seine Rechnung schreiben wird und dazu murmelt: Das kann der ja absetzen.

»Morgen soll es ja schneien«

Es gibt auch ein Sommeräquivalent zu diesem Hauptsatz, das lautet: »Morgen soll es ja über 30 Grad werden.« Mit diesen beiden Prognosen ist das Wetterpotential Mitteleuropas auch weitgehend behandelt. In exponierten Landstrichen wie Gröbenzell oder den höher gelegenen Teilen von Zella-Mehlis kann es passieren, dass beide Sätze innerhalb von einer einzigen Woche zum Einsatz kommen. Aber eigentlich haben sie getrennt Saison, jeweils stets zu Beginn der beiden Megajahreszeiten Sommer und Winter. Schließlich haben nur der erste Schnee und der erste Hitzschlag so richtigen Breaking-News-Wert.

In München wird also ab Anfang September der Schneesatz geflüstert, erst nur von wenigen Wetterwichtigtuern, dann aber munkelt es mächtig von allen Seiten. Interessant ist, wie man sich mit diesem Satz positioniert. Es umschmeichelt einen damit immer die Aura eines Herolds, der himmlische Kunde ins taube Volk trägt. Erreichen will man, dass den Zuhörern körbeweise Stöhngeräusche entfleuchen, außerdem erschrockene Fratzen und vielleicht der Ausruf »Mais non, escht? Und isch kleine Arsch abe gar keine Winterreifen!« Meistens bleibt es aber bei routinemäßigen Unmutsbekundungen und irgendein anderer sagt: »Stimmt, hab' ich auch im Radio gehört.« Und dann nickt die ganze Smalltalkshow betreten und blickt vage in den Himmel, wo freilich vom Schnee noch keine Rede ist, sondern ein brezntrockener Föhn an der 20-Grad-Grenze rumfummelt.

Sehr wichtig am Tag vor dem Tag, an dem es angeblich schneien soll, ist dann noch, dass man irgendwann später wieder in den Himmel schaut. Diesmal sagt man aber nicht mehr den Hauptsatz, sondern hebt prophetisch jenen Arm, an dem man seinen Zeigefinger befestigt hat, zeigt halbhoch in die Luft und sagt: »Die Wolken da, die sehen nach Schnee aus.« Das zeitigt dann noch mal ein hübsches Durcheinander, bei dem jeder Anwesende die betreffende Wolke auf ihre Schneeschwangerschaft prüft. Da gibt es ja die unterschiedlichsten Erfahrungswerte: Der eine hält eine dickbauchige, gelbliche Beschaffenheit für trächtig, der andere wartet auf die typischen rosigen Wulstwolken und ein vierter wiederum gibt zu Protokoll, dass seine Großmutter den Schnee nicht sehen und hören, aber riechen konnte. (Da sie aber in Garmisch gewohnt hatte, wo bekanntlich alle den Schnee riechen können, wird dieser Einwurf nicht beachtet.)

Jedenfalls, liebe Meteorologen, herrscht im Volk Uneinigkeit darüber, wie Schneewolken aussehen. Vielleicht könnte man da mal einen Volkshochschulkurs anbieten? Kurstitel: Warten auf den Schnee in deutschen Großstädten. Schön, oder? Klingt wie etwas, das später den deutschen Filmpreis gewinnt.

»Du wirst sicher mal ein guter Vater«

 Ich bin wie Straubing, ich habe fruchtbares Umland. Meine Freunde und Bekannte gebären fortlaufend Kinderlein, die mir sechs Wochen nach der Veröffentlichung zur Begutachtung vorgelegt werden. Bei diesen Terminen bin ich immer etwas verkrampft, was gar nicht zum absurd fröhlichen Anlass passt. Aber ich weiß nun mal, dass dabei und fortan immer eine Interaktion mit dem Kind erwünscht ist. Das kommt mir nicht entgegen, da ich schon mit fremden Erwachsenen selten interessante Gesprächsthemen finde. Bei fremden Säuglingen ist gleich nach meinem lockeren »Hallo, wie geht's?« Schluss. In der einsetzenden Stille sehen der Debütmensch und ich uns peinlich berührt an und wenden uns schließlich schreiend an die Eltern.

Die versuchen später, wenn das Kind im Bett ist, in einer Mischung aus Überwachsamkeit (wegen dem Kind) und Müdigkeit (wegen dem

Kind) mit mir normal zu reden. Über das Kind. Und dabei passiert es mir ständig, dass ich nicht den bürgerlichen Namen gebrauche, sondern immer wie von selbst »es« sage, oder auch »das«, und dabei mit dem Daumen so hinter mich zeige. Das kommt nie sehr gut an.

Mal ehrlich, was soll es auch, das infantile Gegrunze von Personen, die bei der Zeugung nicht direkt dabei waren? Sobald das Kind alt genug ist, mich zur Brettljausn zu begleiten, freue ich mich auf seine Gesellschaft. Davor möge man es mir bitte nur in sparsamer Dosis zumuten.

Wie die geschilderte Szene in aller Härte beweist, bin ich also kein guter Vater, sondern ein verklemmter Büchermensch, der da, wo andere ein Herz für Kinder haben, ein zweites Papierfach hat. Trotzdem höre ich in schöner Regelmäßigkeit den obigen Hauptsatz. Zwar nicht bei den beschriebenen Kindsbesichtigungen, aber zum Beispiel, wenn ich beim Betriebsausflug darauf hinweise, dass wir den Zug nur deswegen verpassen, weil wir am falschen Gleis stehen. Oder wenn ich Menschen am Mittagstisch erkläre, warum jeder Aal in die Sargassosee schwimmen möchte, was ich zufällig weiß. Nur weil ich dabei die Serviette (als Meer) und mein Messer (als Aal) zur Unterstützung heranziehe, hauchen zwei von vier anwesenden Damen: »Der Max wird sicher mal ein guter Vater.«

Das mag nett gemeint sein, in meinen Ohren klingt es nur nach endgültiger Streichung aus dem Verzeichnis potentieller Männer. Nicht, dass ich dort je größere Absätze beansprucht hätte, aber trotzdem gelte ich ungern schon vor Erwerb eines Lätzchens als Vatersperson.

Man sagt ja auch nicht zu einem alten Menschen: »Du wirst sicher mal eine gute Leiche.« Nur weil der sich vielleicht gerade mal nicht bewegt hat.

»Das kannst du auch mal zur Jeans anziehen«

 Mit 28 muss man sich langsam eingestehen, dass das eigene Leben schon einigermaßen verwirkt ist. Wo jetzt noch kein Pokal im Schrank steht, kommt auch keiner mehr hin. Klar, man kann noch Medienmogul oder Schurkenstaat werden, aber unter uns gesagt – das liest sich jetzt besser, als es in Wahrheit ist.

Noch schwerer fällt es mir einzusehen, dass ich nicht ganz der Supertyp geworden bin, der mir mal für mich vorschwebte. Der hätte sich vor allem dadurch ausgezeichnet, dass er in jeder Situation etwas äußern kann, das sich aus Originalität, Charme und Klugheit zusammensetzt. Ich wäre also gerne das Evolutionsbindeglied zwischen Tony Curtis und Alexander Kluge geworden. Stattdessen wurde ich ich und damit eher das Evolutionsbindeglied zwischen einem Sofakissen und Prinzregent Luitpold.

In dieser Rolle begleite ich meine feste Freundin gelegentlich durch die Stadt, die direkt bis vor unsere Haustür gebaut wurde. Dabei machen wir mit anhaltender Begeisterung den gleichen Fehler. Wir denken, es wäre nett, wenn wir uns gegenseitig in Geschäfte begleiten, von denen klar ist, dass nur einer von uns darin auf seine Kosten kommt. Untätig zwischen Hemdchen und Blusen, nähert sich mein Geisteszustand rasend schnell einer organschädlichen Erschöpfung. Die gleiche Erschöpfung umfängt mich übrigens bei Pferdenummern im Zirkus und beim Treppensteigen in großen Museen.

Ich sacke also in einen der Sessel, die dort aus diesem Grund bereitstehen und erwarte die Re-Edition meiner Freundin in neuem Gewande. Sie kann sich leider unfassbar schnell umziehen. So tritt sie heraus, spielt feine Dame, hat selber schon längst entschieden und fragt mich anstandshalber trotzdem noch, ob ich Meinung da hätte. Habe ich nicht, zumindest nicht verbal. Gar nicht, weil ich Mode doof oder unwichtig finde, sondern einfach nur, weil mir jedes Mal an dieser Stelle die Vokabeln ausgehen. Ich konzentriere mich wirklich auf diese Jacke oder den Pullover, ich starre drauf, aber außer »Ja, ist okay, ist schön, sieht gut aus, ist halt grün« kommt einfach nichts auf meinen Schirm. Ich will doch aber so gern etwas Nachhaltiges sagen. Ein besserer Freund sein als alle anderen! Ich würde so gerne mit Sekundärargumenten dienen, die beweisen, dass ich mir richtige Gedanken zur Sache mache. Und an dieser Stelle läuft mir dann der Hauptsatz vom Stimmband. Als kläglicher Versuch etwas beizutragen, das über das richtige Erkennen der Textilfarbe hinausgeht. Kompletter Unsinn natürlich. Als ob meine Freundin je in banger Not vor mir gestanden wäre und gefragt hätte: »Zu Hülfe, was kann ich mal zur Jeans anziehen?«

Ich sage das natürlich auch, weil der Satz geeignet scheint, die ganze Situation zu einem schnellen Ende zu führen. Er macht das Kleidungsstück über Zweifel erhaben, die noch gar niemand angemeldet hat. Schnell damit zur Expresskasse! Die feine Dame verschwindet wieder und kommt als meine feste Freundin wieder aus der Umkleide – ohne das besprochene Teil. Warum denn? Sie wollte mal was Feines, sagt sie. Zur Jeans hat sie schon genug.

»Sollen die Ohren frei bleiben?«

 Eigentlich wollte ich hier keine Hauptsätze besprechen, die aus beruflichen Zwängen in die Welt gesetzt werden. Es handelt sich bei ihnen ja gewissermaßen um industriell gefertigte Massenwaren der Rethorik ohne menschelnden Reiz. Außerdem gehen die monotonen Versatzstücke, die im Bus oder am McDonald's-Tresen in Endlosschleifen gesprochen werden, dem Ohr auf die Nerven, da will ich nicht noch das Auge damit belasten. Bei diesem Hauptsatz mache ich eine Ausnahme, vor allem deshalb, weil er mich immer wieder so überrascht, als hörte ich ihn zum ersten Mal.

Seit ich mich kenne, wachsen mir über Nacht Haare auf den Kopf. Sie gebärden sich dort in einer Art, die mich alle fünf Wochen zum Friseur zwingt. Dort sieht es so aus, wie sich meine Großtante eine Werbeagentur vorstellt. Es läuft weiche Musik, junge Menschen stehen teilnahmslos an Kaffeeautomaten gelehnt und Licht strahlt ihnen von schräg unten in die enthaarten Nasenlöcher. Sie machen »Gruppe«. Wenn ich ankomme, löst sich nach einem lässigen Moment einer dieser jungen Menschen aus der Gruppe, schlendert auf mich zu und bedeutet mir mit wegwerfenden Gesten, ihm zu folgen. Am Ziel unserer kleinen Wanderung steht ein Stuhl, in den ich mich nur setze, um aus ihm heraus ein Beratungsgespräch mit meinem Friseur zu führen. Da dieser hinter mich getreten ist, geschieht der Dialog über Spiegel. Das ist mir hochgradig unangenehm, weil ich die Art, wie sich mein Kinn beim Sprechen verformt, nicht sonderlich schätze und nur ungern live dabei zusehe. Lieber würde ich das Beratungsgespräch von Angesicht zu Angesicht führen, rein platzmäßig wäre das durchaus möglich. Ich vermute, dass ich vor allem deswegen sitzen soll, weil diese jungen Menschen mit den Scheren allesamt geringwüchsig sind, manche nicht größer als ein Hocker. Ich sage also sitzend in den Spiegel, was ich alle fünf Wochen sage, nämlich:»Ja, wie immer, fünf Wochen zurückschneiden, Volumen erhalten, aber halt dieses Gestrüpp hier und hier bitte weg und dass es nicht so aussieht, als wäre ich frisch vom Friseur.« Begleitend fahre ich mir möglichst konstruktiv durchs eigene Haar und versuche die Problemstellen zu markieren. Das mit dem »Volumen« habe ich mir mal an einem Donnerstag ausgedacht und sage es seither immer, weil es so versiert klingt.

Mein Friseuräffchen hüpft, während ich so plappere, um meinen Hinterkopf und sieht dabei aus wie ein Golfprofi, der das Bodenprofil des Greens abschätzt: Er klemmt mehrmals die Augen zu einem Schlitz, legt die Finger auf die Lippen und nickt verstehend und ruft auch manchmal überrascht »Ha!«. Habe ich meine Ausführungen beendet, ist es an der Zeit, dass er mir ungleich sanfter in die Haare geht und zwar in welligen Bewegungen. Dazu interpretiert er das von mir Gesagte in seinen Worten und macht mit der beruhigenden Art der Schönheitschirurgen aus dem Fernsehen deutlich, wo gleich

Schnitte zu erwarten sind. Soweit alles super. Dann gräbt er die Ohren aus. »Sollen die Ohren frei bleiben?«, fragt er wie ein Lämmchen. Ich weiß es nicht. Nie. Immer nehme ich mir vor, beim nächsten Schnitt darauf zu achten, ob die Ohren nun frei sind oder nicht, aber ich mache es nie. Freibleibende Ohren? Ich versuche mich zu erinnern, wer solche hat. Mir fallen dann aber immer nur Soldaten ein, mit Bürstenschnitt und so. Das soll es ja nicht sein. Also zögere ich, was der Haarmann nutzt, um mir aus meinen Haaren kleine Dächlein über beide Ohren zu zupfen, wie zwei Sprungschanzen an beiden Seiten. »So lassen?«, fragt er scheinheilig. Natürlich nicht. Ohren ab, wie immer. Ohren frei! schreibe ich danach in mein Notizbuch. Leider verliere ich es zwei Tage später in einer Kurve.

»Jetzt bist du gleich weg«

 Würde es kein Mobiltelefon geben, die Tunnels hätten es erfinden müssen. Denn dank ihm erfährt der etwas altmodische Event »Tunnel« in der öffentlichen Wahrnehmung eine Renaissance. Hatte man sein Herannahen früher je registriert, geschweige denn in einem trauten Gespräch erwähnt? Nie! Tunnel, das war halt wie draußen, nur ein bisschen dunkler und zusätzlich doof. Aber seitdem man sich das traute Gespräch im Zug ans Ohr hält, stellen Tunnelpassagen wieder ein erwähnenswertes Erlebnis dar, Tunnel sind wieder wer. Sie sind aber nicht nur Gegner der Netzverbindung, sondern dürfen oft als inhaltliche Höhepunkte vieler Telefongespräche gelten, die sonst gemächlich ins Unendliche mäandert wären. Die gellende Warnung »Jetzt bist du gleich weg«, die den Gesprächspartner vielleicht im Korbsessel sitzend erreicht, hat dabei einen unangenehm endzeitlichen Beigeschmack. Als wäre es Menschensitte, sich aufzulösen

oder nach Ablauf einer gewissen Zeit im Äther zu verschwinden, ganz wie die Telefonjoker bei Günther Jauch. Oder wie weiland der Pumuckl! Aber hat man den Meister Eder je »Pumuckl, jetzt bist' gleich weg!« granteln hören? Nein, weil es nämlich unhöflich ist, jemand anderem sein Verschwinden anzukündigen. Deshalb sollte es zu jedermanns gutem Telefonbenimm gehören, angesichts eines Tunnels zu sagen: »Jetzt bin ich gleich weg.« Und dabei das unfeine Verschwinden sozusagen auf sich zu nehmen. Denn der andere ist ja noch da, zwangsverstummt im Korbsessel, und fühlt sich insgesamt recht allein in einer Welt, durch deren Innereien der andere gerade braust. Den Hörer hält er aufgeschnitten wie eine leere Safttüte in der Hand und der Schock über das abrupt beendete Gespräch steht ihm ins Gesicht geschrieben – als sogenannter Tunnelblick.

Deswegen ist es natürlich richtig, die Unterbrechung einer Telefonverbindung möglichst rechtzeitig anzukündigen. Man sollte allerdings den Tunnel gut kennen und sich des Verlusts der Verbindung darin sicher sein. Wer einen neuen Tunnel durchfährt, vorsorglich den Hauptsatz brüllt, gar hastige Schlussworte formuliert, einen in der Eile schroffen Abschied nimmt und dann feststellen muss, dass die Verbindung fortbesteht, sieht sich vor dem Scherbenhaufen seines Gesprächs. »Äh, bist du doch noch dran? Ich dachte, du bist gleich weg. Ja, also, äh … na dann!« Da geht dann nicht mehr viel, schließlich war man geistig schon verschwunden.

Als im Korbsessel weit jenseits aller rasender Tunnels Sitzender, hat man vergleichsweise wenig zu beachten. Ausnahme ist der recht seltene Fall, in dem man von jemandem angerufen wird, dessen Sportflugzeug just das Benzin ausgegangen ist und der ein letztes trautes Handygespräch führen möchte. In dieser Situation steht es einem auch als Gesprächspartner im Korbsessel zu, nach einer Weile das »Jetzt bist du gleich weg!« zu gebrauchen.

»Diesmal schenken wir uns aber nichts«

 Meine Kindheitserinnerung an den 24. Dezember dürfte dem westeuropäischen Standard entsprechen. Die Geschenke lagen stets als imposante Moränenlandschaft unter dem Baum, der in manchen Jahren dahinter regelrecht verschwand. Ich musste sie durchnummerieren, um die Übersicht zu behalten und aus dem von mir zerfetzten Geschenkpapier wurde im Hinterhof ein Feuer entzündet, das bis Mariä Lichtmess brannte. Diese goldene Zeit des Überflusses währte, bis ich etwa zehn Jahre alt war. Dann befand meine Mutter, ich wäre reif genug, das Prinzip des Verzichts und die Besinnung auf das Wesentliche kennenzulernen. »Jeder nur ein Geschenk«, wurde ihre Parole. Zum Glück setzte meine jüngere Schwester dieser drohenden Rezession unterm Baum einen lauten Totalstreik entgegen. Sie rettete damit bis auf weiteres die wunderbaren Sekunden nach dem Öffnen der Wohnzimmertüre, in denen das Auge trotz aller

Bemühungen die Pracht nicht ganz erfassen konnte. In denen, von Musik und Kerzenbaum befeuert, ein Schwindel das Kinderhirn ergriff, der das Kind selbst taumeln ließ, bis es schließlich an den ersten Ausläufern der Paketströme zu knien kam.

Die »Jeder nur ein Geschenk«-Propaganda hielt sich letztlich aber dauerhafter als die Kinderknie, ja, sie wurde sogar mit den Jahren noch verschärft, zum markigen: »Diesmal schenken wir uns nichts!« Warum auch nicht? Schließlich sind alle Beteiligten inzwischen erwachsen und können ein »gutes Essen« und »schönes Konzert« als durchaus nachhaltiger begreifen als irgendwelche neuen Küchengeräte, die man sich frisch geduscht zuschiebt. Jeder von uns Kindern pflichtet meiner Mutter am Telefon also sofort zu, wenn sie allnovemberlich ihre Absicht auf ein geschenkfreies Weihnachten vorbringt. Auf diesen Anruf wartet der deutsche Einzelhandel jedes Jahr sehnsüchtig, denn er markiert den beherzten Einstieg der Familie Scharnigg in den Konsummarathon. Unter uns gesagt und auch wenn meine Schwester etwas anderes behauptet, ich persönlich kann auf die Geschenkehuberei ja verzichten, weiß aber, dass sie durchaus darauf besteht und dass andere Familienmitglieder sogar imstande wären, die Bescherung platzen zu lassen, wenn nicht ordentlich Küchengeräte und Best-of-CDs auf den Tisch kämen.

Überhaupt wäre es doch nicht wie immer, wenn sich jetzt auf einmal irgendwer an das Verdikt halten würde. Und Weihnachten ist nun mal das »Wie immer«-Fest schlechthin. Selbst kleinste Abweichungen vom traditionellen Ablauf könnten unwägbare innere Verwüstungen hervorrufen. Es wird bei uns also auch diesmal wieder so sein wie immer. Wir werden am 23. Dezember aus allen Himmelsrichtungen anreisen, und die Straße vor dem Haus meiner Mutter wird polizeilich gesperrt werden müssen, weil der Geschenkehaufen beim Ausladen abrutscht und alles blockiert. Meine Mutter wird uns damit schockieren, dass sie diesmal »wirklich nichts« für uns hat, und während wir um Fassung ringen, wird die Tür der Speisekammer unter lautem Krachen bersten, und wir werden unter Paketen und Päckchen begraben. Wie immer eben.

»16 000 Euro sind viel Geld, Herr Jauch«

 Das Fernsehen ist nicht, wie gelegentlich angenommen, eine Flimmerkiste, es ist vielmehr eine einzige Hauptsatzhupe. Wir sehen darin Filme und plappern die wildesten Filmsätze nach. Wir sehen Werbespots, deren Slogans sich wie kleine Saugmundfische an unser Sprachzentrum napfen. Und wir entdecken im Fernsehen Menschen, die so aussehen, wie wir selber bald aussehen werden. Sie sprechen auch so wie wir, haben sonst aber natürlich nix auf dem Kasten. Bis wir deren Sätze übernehmen, dauert es zwar eine Weile, aber bei einem Methusalemformat wie »Wer wird Millionär« ist es jetzt doch endlich soweit gekommen: Nahezu jeder Kandidat sagt das Gleiche. Die Rolle desjenigen, der dort auf den Quizstuhl klettern darf, ist also mit der Zeit eine Volksrolle geworden – so ähnlich wie der versteckte Liebhaber im Schrank eine ist.

Nahezu jeder Bundesbürger weiß Bescheid, wie er sich auf dem

Stuhl zu benehmen hat, was erwartet wird und an welchem Voka-
bularbüfett er sich dabei bedienen muss. So reden dort zum Beispiel
mittlerweile alle vom Versprechen »nicht zu zocken«, das sie irgendwem gegeben haben. Sie verkünden routiniert an anderer Stelle,
dass Günther Jauch sie soeben verunsichert hätte oder dass sie nun
nicht zuviel spekulieren wollen, um das Publikum beim Jokern
nicht zu beeinflussen. Diese ganzen immer gleichen Wendungen
haben die Menschlein nicht in ihrer Bibelstunde auf den Weg bekommen. Nein, diese Jauch-Liturgie haben sie als Fernsehzuschauer
zu Hause gelernt und sich gemerkt – statt mal lieber den Namen des
zweiten Ehemanns von Ingrid Bergman zu lernen.

Aber auch für jene dunkle Sendeminute, in der das flackernde Wis-
sensflämmchen der armen Kandidatenseele erlischt, stehen abge-
griffene Sätze bereit – allen voran eben jener Hauptsatz. Seine Aufgabe ist es, den unehrenhaften Abgang einzuleiten. Offenbar muss
man sich nämlich für die Inanspruchnahme eines Gewinnbetrages
zwischen 4000 und 64 000 Euro öffentlich rechtfertigen. Bei niedrige-
ren Summen wirkt er etwas dümmlich, bei höheren leicht versnobt.
Nichts anderes also als eine eilige Entschuldigung ist der Hauptsatz.
Zunächst geht die an Günther Jauch, aber auch an all die gierigen
Freunde in der Heimat und an die gesichtslose Meute auf den Sofas
daheim, die den Kandidaten so gern weiter ins Verderben schicken
würde. Ich, als Teil der Sofameute, fände es eine schöne Entschädi-
gung, wenn jedes Mal an dieser Stelle Hans Moser aus dem Grab stei-
gen würde, um mit bestem Wiener Kopfwackeln zu nuscheln: »Wissen S', Herr Jauch, für mi, für mi is dös vui Göid!«

Denn das Rührende an diesem Satz ist doch die waisenkindartige
Zerknautschtheit, die so zwingend zur Betonung dazugehört wie
das treudoofe »Herr Jauch« am Ende. Klar, da dieser wahnsinnig
reich ist, kann er vermutlich nicht begreifen, dass für jemand anderen 16 000 Euro viel Geld ist. Deswegen sagt man es lieber noch

mal und schlägt verschämt die Augen nieder. Schade, dass Günther Jauch das bisher noch nie mit einem lässigen »Also für mich ist das eher ein Pappenstiel« gekontert hat. Da würde die Nation kreidebleich werden, vor Scham und Neid und Achduje. Aber vielleicht würde sie dann auch mal was anderes sagen.

»Warst du beim Friseur?«

Nichts gegen rhetorische Fragen. Wenn ich mal bei der Mutter aller rhetorischen Fragen zu Gast bin, dem anglo-amerikanischen »How are you?«, kippe ich immer noch vor Ergriffenheit vom Stuhl. Aber das lahm im Vorbeigehen geflapste »Warst du beim Friseur?« gehört nicht in diese nette Verwandtschaft. Es ist in den meisten Fällen luftleeres Hingerede an einen unschuldigen Menschen und keinesfalls vergleichbar mit einem »Geht's dir gut?« Bei dem ist die Antwort wenigstens der Form halber offen, es gibt immerhin so eine Art Grundlage für Interesse. Für die Antwort »Ja, ich war beim Friseur« interessiert sich hingegen niemand, denn sie bestätigt nur den Ausgangsverdacht. Falls doch mal jemand sagt »Nö, war ich nicht, warum?«, geht es nur schwer glimpflich weiter. Höchstens mit einem »Weil du irgendwie so anders aussiehst«. Aber das hätte man charmanter auch ohne das Friseurvorspiel sagen können.

Ich gehe, das sei für die Nachwelt hiermit verbürgt, zehn Mal im Jahr zum Friseur. Zehn Mal im Jahr gibt es die zwei Tage danach, in denen mir die ganze Langeweile meiner Person in einer Frage entgegenpeitscht. Jeden, selbst die entfernten Bekannten Hinz und Kunz, treffe ich in diesen Tagen und keinem fällt Interessanteres ein als: »Warst du beim Friseur?« Ich sage dann: »Ja.« Da hält die Welt nicht gerade inne vor Ehrfurcht, sondern dreht sich weiter – um einen leeren Moment reicher.

Dabei spreche ich eigentlich gerne über oberflächliche Sachen, über Hosen, Schuhe, darüber, wer aktuell blöd ist, und so. Aber ich renne doch nicht an andere hin und frage: »Hast du eine Hose an?«, sondern sage eben etwas über die Hose. Klar, wenn einer den Arm in Gips hat, darf man fragen, ob der nun gebrochen ist. Dahinter steckt ja eine Geschichte. Hinter meinen geschnittenen Haaren aber nie, es gehört zur Körperpflege, und niemals würde ich mir die Freiheit nehmen, meine Nachbarin im Treppenhaus mit »Bist du gewaschen?« zu begrüßen.

Ich bin mir ziemlich sicher, dass die Frage nur aus Gewohnheit gestellt wird, ein Alltagsreflex. Auge: kürzere Haare – klick – Mund: Warst du beim Friseur? Netterweise unterstelle ich den penetrant Fragenden, dass es vielleicht die einzige ihnen bekannte Methode ist, persönlich Anteil zu nehmen. Denn es ist ein Strähnchen persönlicher, als über den alten Aufzug oder das alte Wetter zu sprechen. Die Friseurfrage gibt eine Aufmerksamkeit für den anderen vor, der auch persönliche Dinge auffallen. Wenn sich diese Annäherung aber Monat für Monat immer nur auf den Kopfschmuck beschränkt, wirkt sie mechanisch stumpf. Ich empfehle solchen Verbalmechanikern, den Friseurfragereflex zu überlisten und beim Erscheinen sichtbar anderer Haare mal ein lockeres »Warst du übrigens im Gefängnis?« anzubringen. Das ist gleich viel erfrischender.

»Definitiv«

Ich weiß, das ist definitiv kein ganzer Satz. Aber Menschen, um die es hier gehen soll, kriegen es hin, dieses Wort so in seine Silben zu zerlegen, dass es sich wie ein ganzer Satz dehnt. »Deh-Fih-nie-tiev« singsagen sie, und zwar meistens in das Mikrophon eines Privatsenders, der sie zu Hause besucht. Fernsehsättigungsbeilage wird heute ja quasi nur noch aus unaufgeräumten Zimmern gewonnen und dort von Menschen, die versehentlich zu viele Schulden, Pfunde oder Kinder mit sich schleppen. Ich halte es deswegen, nebenbei gesagt, für eine gute Geschäftsidee, Aufkleber mit der Aufschrift »Bitte keine Fernsehteams« zu entwerfen, die dann neben die »Bitte keine Werbung«-Schilder an die Tür geklebt werden können.

Ich möchte nicht mit Kamera und Problemexperte besucht werden, gucke aber natürlich gerne in die Abgründe der anderen. Dabei interessieren mich die miss- und aus-der-Form-geratenen Kinder weniger als das, was die Gefilmten so an der Wand hängen oder aus dem Mund tropfen haben. Beides ist meistens erquickend scheußlich.

Nun ist es so, dass die Besitzer ihre goldgerahmten Drucke von springenden Delphinen im Mondlicht zwar hemmungslos gut finden, hingegen aber fürchten, dass ihre Sprache nicht ganz sendefähig ist. Was nicht stimmt, denn je einfacher und gerader einer redet, desto besser versteht man ihn meistens. Stattdessen aber reden sie mit Versatzstücken, von denen sie annehmen, sie würden den feinen Herrschaften an den Fernsehgeräten besser gefallen. Sie verstreuen Fremdwörter mit einer Unbekümmertheit, die an Nötigung grenzt und verschanzen sich zufrieden dahinter. Sie definitivieren alles platt. Sie realisieren sich um Kopf und Kragen und suspektieren, wo es nur geht.

Sehr ergiebig sind auch Castingshows. In was für Lücken von den dort anwesenden Model- und Sängerküken noch ein »definitiv« geschoben wird, das macht jeden Fugenkitt neidisch. Immer wieder schön: »Okay, die Shirka war definitiv vielleicht nicht besser als Ann-Shalia.« Noch größere Wonne bereitet ein genialischer Wurf wie: »Voll Panne, als ich realisiert habe, dass ich jetzt definitiv raus bin.« Und zuverlässig erschütternd ist die Szene, in der jemand am häuslichen Kacheltisch sitzt und aus seiner Sofalandschaft heraus verkündet: »Ich liebe sie definitiv noch.«

Bleibt die Frage, warum sich von allen kompliziert klingenden Wörtern das definitv am besten verkauft? Warum auf allen Fluren, in allen Aufzügen und auf allen Fußballplätzen harmlose Adjektive mit einem definitv verlobt werden, warum alles definitv falsch oder definitiv besser sein soll, um zu gelten? Ich kenne die Antwort nicht, aber es muss eine geben. Definitiv. Es gibt auf alles eine Antwort.

»Ich bin noch gar nicht in Weihnachtsstimmung«

Gut, dass Weihnachten nicht so eine Art Bürger-begehren ist. Wenn man jedes Jahr abstimmen könnte, ob es stattfinden solle oder nicht, dann hätte ich mein letztes Weihnachtsfest wohl mit elf erlebt. Seit dieser Zeit nämlich, erzählen die Menschen, die sich in der Nähe meiner Ohren aufhalten, immer so um den 12. Dezember herum, dass sie dieses Jahr nun überhaupt gar nicht in Stimmung wären, nix, null, nada navidad, wie die Clementinen sagen.

Weil Weihnachten aber nun kein Bürgerbegehren ist, ist es ihm schnurzpiepegal, ob die Leutchen drauf Stimmung haben oder nicht. Es kommt einfach und steht in Hausschuhen im Flur, jedes Jahr, pünktlich zum 24. Dezember. Um dann von all den Stimmungs-verweigerern genauso begangen zu werden wie im letzten Jahr. Das Gemecker ließe sich also einfach streichen. Stattdessen wird jedes Jahr wieder lauthals ein Mangel an Weihnachtsstimmung proklamiert, ganz so, als ob das irgendwas ändern würde. Allenfalls ahnen die eifrigen Benutzer des Hauptsatzes, dass sich ihre periodische Unlust mit der Zeit etwas abnutzt. Deswegen suchen sie sich immer aufs Neue in ihrer aktuellen Abneigung besonders hervorzutun, sagen also mittlerweile »Dieses Jahr bin ich nicht nur nicht in Weihnachtsstimmung, ich werde sogar superzornig, wenn ich nur daran denke!« oder, besonders gemein: »Ich habe diesmal so wenig Lust auf Weihnachten, es könnte von mir aus auch gleich Ostern drankommen.«

Als Zuhörer solch wüster Prognosen würde ich immer zu gerne wissen, wie eine Weihnachtsstimmung denn jeweils auszusehen hätte. Oder unter welchen Bedingungen sie doch noch eintreten könnte? Denn es muss im Leben dieser Menschen einmal eine gute Weihnachtsstimmung gegeben haben, sonst wüssten sie ja nicht, dass sie derzeit abgeht. Wenn ich also mit ihnen um die nächste Ecke böge, und dort stünden dann nebeneinander Schneeflöckchen und Bratapfelofen, ein goldiges Kapellchen und zwei Pfund Rauschebart, würde es dann »klick« machen? Wäre dann so richtig Weihnachtsstimmung? Ich weiß es nicht, aber ich denke, an dieser Schnittstelle sollte man forschen. Den Ungestimmten wäre vielleicht erst mal eine schneidige Sonde ins Gehirn zu jagen, um festzustellen, woran es mangelt. Danach ließen sich vielleicht irgendwann diese Mängel künstlich ersetzen. Solche Weihnachtsstimmungsaufheller wären doch für die sympathische Pharmaindustrie ein interessantes Geschäft. Sie sollten nur nicht süchtig machen. Sonst wären die Menschen das ganze Jahr über in feinster Weihnachtsstimmung und Ostern, Karneval und Namenstage hätten das Nachsehen.

»Da wäre auch noch ein Parkplatz gewesen«

 In München wird viel, ja eigentlich ausschließlich, über Stadtviertel gesprochen. Die Münchner sind geradezu besessen von ihren Vierteln und der BR sendet täglich Dokumentarfilme aus Schwabing, Haidhausen und der Au, in denen Menschen dann wieder nur über ihr Viertel sprechen. Dabei unterscheiden sich die paar Stadtviertel kaum voneinander, sieht man von Fassadentrends ab, die mal mehr, mal weniger ausgeprägt sind. Im Übrigen kann man sich in München ohnehin nicht aussuchen, in welchem Viertel man wohnen möchte, man nimmt die einzige freie Wohnung, die es gibt, löst für die Nebenkosten seinen Bausparvertrag auf und basta.

Ich selber bin jedenfalls zufällig sehr nett geviertelt. Wenn ich aus der Haustüre trete, gibt es da zwei Bäume, ein paar kleine Geschäfte und bei Föhn kann ich den Mittleren Ring sehen. Die Straßen rund um mein Haus sind nicht besonders lang und nach berühmten

Eisessern oder Zahnärzten benannt. Die Menschen, die hier sonst noch wohnen, haben zu wenig Geld, um sich ein Haus im Grünen zu kaufen, aber zu viel, um sich mit nur einem Auto zu begnügen. Die meisten haben drei Stück: einen Geländewagen für ihn, einen Stadtflitzer für sie und dann noch ein Auto, um an den Starnberger See zu fahren und dort ordentlich rumzuzischen. Einen Kinderwagen haben sie auch, aber der muss zum Glück nicht am Straßenrand parken, dort stehen nur die drei anderen Kisten. Man braucht kein ausgeprägtes räumliches Vorstellungsvermögen, um zu erkennen, dass Straßenrand in meinem Viertel ein sehr seltenes Gut ist. Ja, Straßenrand ist bei uns eine härtere Währung als Gold, vorausgesetzt er wird nicht von Parkverbotsschildern entwertet. Gedealt wird damit direkt auf der Straße, vorzugsweise am Nachmittag. Bis zum frühen Abend sind die Geschäfte gemacht, dann ist kein Fitzel Straßenrand mehr übrig, alles vollgeparkt, selbst auf Verkehrsinseln und den Stufen vor der Kirche stehen die Autos. Das ist auch der Standardzustand, wenn meine feste Freundin und ich mit unserer bescheidenen PS-Pauke um die Ecke biegen. Obwohl ich es besser weiß, fahre ich immer zuerst direkt an unsere Hausnummer, es könnte ja schließlich sein, dass diesmal ein Plätzchen vor der Tür frei ist. Als Kind dachte ich auch immer, es könnte doch mal sein, dass im Spielzeuggeschäft zufällig alle Modelleisenbahn-Güterwaggons wegen Lagerräumung verschenkt werden, wenn ich vorbeigehe. Nun ja, weder das eine noch das andere ist mir je widerfahren. Wir weiten also unsere Suchkreise konzentrisch aus, bis wir schließlich – in einem anderen Viertel wohlgemerkt – zum Stehen kommen und von dort in einer halbstündigen Wanderung wieder Tisch und Bett zustreben. Von der konzentrierten Parkplatzsuche sind wir dabei so mitgenommen, dass wir immer noch jeden Zentimeter rechts und links scannen, und jedes Mal hagelt es dabei irgendwann den Hauptsatz. Es gehört zu den daseinstypischen Gemeinheiten, dass wenige hundert Meter vor der Haustür ein Musterknabe von einem freien Parkplatz auftaucht. Anfangs habe ich bei seinem Anblick manchmal kehrt gemacht, bin zurück zum Auto, um freilich festzustellen, dass er bei meiner Ankunft ein Musterknabe von einem besetzten Parkplatz war. Nach dieser frustrierenden Erfahrung ging ich dazu über, den unverschämt freien Parkplatz zu fotografieren, um damit wenigstens vor den Nachbarn angeben zu können. Aber man stelle sich vor: Auf den Abzügen der Bilder war der Parkplatz schon wieder besetzt! Heute weiß ich natürlich, dass der freie Parkplatz, den wir regelmäßig vor unserer Tür sehen, nichts anderes ist als eine urbane Fata Morgana. In unserer Erschöpfung spielt uns die Wahrnehmung einen Streich. Diese blöde Kuh.

»Das kann ich bei ebay wieder verkloppen«

 Was viele nicht wussten: Ich bin kein Experte in Sachen Aufbaustudiengänge. Dennoch prognostiziere ich hiermit, dass es bald den Aufbaustudiengang »Computerhistorie« oder auch »Informatik des Mittelalters« geben wird. Computer altern ja sehr schnell, schneller noch als getigerte Katzen, bei denen, das weiß jeder, ein echtes Jahr sieben Menschenjahren entspricht. Ein Computerjahr entspricht etwa 24 Menschenjahren, das haben internationale Forscherteams drüben im Schuppen herausgefunden. Etwa zeitgleich habe ich hinter meinem Schreibtisch feucht durchgewischt und dabei ein paar Kubikmeter Ex-Elektroverpackungskartons ans Licht befördert. Diese Kartonagen und Packungen sind ein Gräuel. Einst lagen das Handy, ein DVD-Brenner oder eine USB-Buchsen-Hub-Flöte darin – Dinge, die ich nicht schnell genug herausfetzen konnte. Ihres Hauptorgans beraubt, verblieben in den Kartons grämliche Überreste: kleine Ka-

bel, Software-CDs, Anleitungen und manchmal auch Schnüre und Karabiner, mit denen man sich die Festplatte an den Hut stecken sollte, zum Beispiel beim Joggen. Dieses Zeug bleibt in den Kartonagen übrig als ein wild zusammengewürfeltes Häufchen. Wenn das neue Mobiltelefon der Braten war, dann ist dieses Häufchen quasi das Suppengemüse. Es macht die Geräusche, wenn man die Kartons schüttelt. Es macht, dass die Kartons nie leer sind. Weil sie nicht leer sind, kann ich sie nicht wegwerfen. So stapeln sie sich hinterm Schreibtisch, ein jeglicher mit seinem Resthäufchen darin. Niemals könnte ich so eine Software-CD oder ein winziges Kabel einfach in den Müll geben, denn in mir wurde eine Art moralische Wegwerfsperre verbaut, die sehr hinderlich ist. CDs hält sie immer noch für Wertgegenstände, und all die kleinen Kabel sehen so unverschämt nützlich aus, dass sich ihre Entsorgung wie ein Strafdelikt anfühlen würde. Allerdings benutze ich sie auch nie. Das Zeug lagert also jahrelang in seinen Kartons, jedes Jahr kommen neue dazu, denn wie oben bereits erwähnt, altern die Geräte schnell und unheimlich: Aufgaben, die sie heute toll besorgen, werden sie in zwei Jahren nicht mehr zu meiner Zufriedenheit versehen, auch wenn es genau die gleichen sind. Man könnte sagen: Meine Zufriedenheit sinkt mit jeder seit der Anschaffung erschienenen Saturn-Beilage. Also: Kartonberge.

Gelegentlich trage ich ein Dutzend davon in den Keller. Auf dem Weg nach unten komme ich an den Mülltonnen vorbei, die gleich sehr stark mit den Kartons flirten. »Gib sie her«, sagen die Mülltonnen, »wirf sie mitsamt den ganzen Anleitungen, CDs und Ersatzdeckeln in uns rein!« – »Ich will ja«, sage ich den Tonnen, »aber vielleicht kann ich das Zeug auch irgendwann bei ebay verkloppen, und dann brauche ich die Verpackung und das ganze unnütze Kleinzeug.« Dabei stelle ich mir Szenarien vor, wie ich unerhörte Preise für meinen ausgeleierten Scanner erziele, nur weil sämtliches Zubehörkleinzeug originalverpackt dabei ist und sich der Käufer in Berlin-Wilmersdorf (Durchgeknallte wohnen in meiner Vorstellung immer da), total irre über das kleine Kabel freut. Also ab in den Keller damit. Natürlich habe ich noch nie irgendeinen Elektroschrott auf ebay verkauft und schon gar nicht verkloppt. In lichten Momenten gestehe ich mir sogar ein, dass meine Verpackungssammlung im Keller nur das Ergebnis einer bescheuerten Ausrede ist, in die ich mich blind ergebe. Diese Selbstbezichtigung aber tut weh, so sehr, dass ich zur Linderung neuerdings denke: »Bestimmt gibt es bald einen Aufbaustudiengang Computerhistorie.« Die angehenden Computerhistoriker dort werden für ihre Forschung händeringend nach ausgeleierten Scannern und alten Mobiltelefonen suchen. Ihre Begeisterung wird grenzenlos sein, wenn ich ihnen nicht nur diese Geräte aus meinem Keller zaubere, sondern vor allem auch den original erhaltenen Zubehörmix bieten kann. Könnte doch sein, oder?

»Mit Englisch kommt man da überall durch«

 Ich verreise gerne, fürchte mich aber auch davor. Die Unerschrockenheit fehlt mir, mit der andere Menschen in ein Flugzeug steigen, um Stunden später entspannt ganz woanders auf der Weltkugel anzukommen und dann gleich in das nächste Zweithaarstudio zu gehen, als wäre es nichts. Ich betrete fremde Länder schüchtern und auf Zehenspitzen und gehe so lange nicht ins Zweithaarstudio, bis ich mindestens zehn Worte für Zweithaar in der fremden Sprache fehlerfrei aufsagen kann.

Im Vorfeld einer Reise hole ich mir Tipps bei den Unerschrockenen, die ja alle fremden Länder schon längst vor mir bereist haben, meistens schon als sie dreizehn waren. Wenn dabei die Sprache auf die Sprache kommt, schmieren sie mir immer gutgelaunt den obigen Hauptsatz aufs Brot. Sie sprechen ihn mit einer solchen Überzeugung an mich dran – wenn Notare zur Hand wären, würden sie mir sogar notariell beglaubigen, dass ich in Finnland, Marokko, Franz-Josef-Land und auf St. Kitts und Nevis mit Englisch locker durchkomme. Na, dann ist ja gut, denke ich, packe mein Englisch und ein empfehlenswert schlechtes Buch ein und fliege in die Fremde. Dort angekommen tripple ich aufgeregt zu einem Bambustaxi oder möchte ein ortstypisches Reittier mieten. Also, ich versuche es. Mein Englisch aber prallt an den fremden Beförderungsexperten ab wie ein Liter Tee am Felsen. Sie starren meinen Mund an, aus dem diese wunderlichen Laute kommen, und reden dann mit einem herrlichen Geräusch, das ich noch nie vernommen habe. Es ist ihre Landessprache, und die gebrauchen sie mit Fug und Recht. Ich weiß nicht, was meine unerschrockenen Bekannten in dieser Situation machen würden, das heißt, ich weiß es doch: Sie verständigen sich »mit Händen und Füßen«. Denn das ist auch so ein Lieblingsausdruck von ihnen. »Wenn es mal gar nicht auf Englisch geht, muss man sich halt mit Händen und Füßen verständigen.« Bin ich der Einzige, der dabei immer an die notleidenden Mund- und Fußmaler denken muss, die vor Weihnachten ihre fußgemalten Karten verschicken?

Nun teile ich nicht die weltweite Begeisterung für Mietpreisverhandlungen mit Händen und Füßen, im Gegenteil, so ein Gestammel macht mich topmiesepetrig. Ich würde den Einheimischen gerne Respekt erweisen, indem ich zumindest Grundzüge ihrer Sprache kann – oder ihnen wenigstens auf Englisch Lobendes darüber sagen. Aber selbst in Schweden gerate ich fortlaufend an Tankstellenbesitzer und Barschzüchter, deren Englischlehrerin noch vor Antreten ihres Amtes verstorben ist. Oder die einfach noch nie davon gehört haben, dass man sich in ihrem Land mit Englisch gut durchschlagen kann. Vielleicht, ganz vielleicht, liegt es auch an meinem Englisch, dass es nirgendwo anders funktioniert. Denn ich spreche ein sehr feines, verkünsteltes Englisch. Es klingt fast wie Flötenmusik.

»Das habe ich jetzt akustisch nicht verstanden«

 Geht es nur mir so, dass dieser Satz sofort ein ungutes Kettenkarussell im Bauch anwirft? Muss außer mir dabei noch jemand heimlich auf seinen Handrücken schielen, in der Hoffnung, die Binomischen Formeln stünden drauf. Nicht? Nun, das letzte Mal, dass ich diesen schlimmen Satz benützt habe, dürfte irgendwann in der elften Klasse gewesen und da jedenfalls mit diesen Symptomen zusammengefallen sein. Ich an der Tafel, die Klasse und Herr Kärcher hinter mir, der nicht nur wie ein Hochdruckwasserstrahl hieß, sondern auch so ausfragen konnte. Da hatte ich also einiges akustisch nicht verstanden, fortlaufend eigentlich, und hatte diesen kuriosen Umstand immer wieder beteuert. Der Satz war in dieser Situation strenggenommen das Einzige, was überhaupt noch geradeaus meinen Mund verlassen konnte. Wie ein Ertrinkender vielleicht noch mal an die von der Sonne getrocknete Bank vorm Haus denkt, bevor die Wellen end-

gültig über ihm zusammenschlagen, dachte ich immer nur noch diese Worte, in der Hoffnung, sie würden irgendetwas Irres bewirken. Damit sind wir schon mitten in der kaputten Sinnlosigkeit dieses Hauptsatzes. Herr Kärcher hat damals einfach jedes Mal extrem akustisch und immer schärfer seine Fragen wiederholt. Der Satz hat sie kein bisschen gelindert, eher noch angefacht. Trotzdem wird er weltweit von Menschen in Krisensituationen vorgebracht, als Syntax gewordene Mattscheibe gewissermaßen. Das Wichtigste daran und auch die größte Verführung ist das Wort »akustisch«. Während die Zunge sonst einen großen Bogen darum macht – schließlich sagt im Softtalk keiner »Hä, was hast du gerade akustisch gesagt?« –, wirkt es hier wie der letzte magere Beweis, dass man bitteschön noch nicht komplett verblödet ist. Denn immerhin ist das ja so eine Art Fremdwort. Eigentlich würde der Satz nur in die letzten Reihen von miesen Konzertsälen passen und nicht in die scharfen Frage-Antwort-Situationen, die heute sein vorwiegender Aufenthaltsraum sind. Dort soll er elegant klarstellen, warum man aktuell eine Antwortladehemmung hat – nur klingt dabei aus ihm schon immer eine leicht beengte Position. Denn wäre alles entspannt, würde der Satz locker ohne »akustisch« auskommen. Gleichzeitig bestätigt man damit auch, dass man vorher schon einiges nicht verstanden hat, und zwar erklärtermaßen aus anderen Gründen als den akustischen. Wir halten also fest, in den allermeisten Fällen geht es hier nicht eigentlich um ein akustisches Problem, sondern um ein kognitives, sprich die Birne ist leer. Lehrer und Menschen, die Bewerbungstests durchführen, dürften bestätigen, dass dieser Satz in den meisten Fällen der Anfang vom Ende ist, das Totenglöckchen bimmeln lässt. Man sollte diese gemeinen Prüfungsmenschen überraschen, indem man das nächste Mal einfach im gleichen Tonfall sagt: »Sorry, das habe ich jetzt intellektuell nicht verstanden.«

»Und, wie fühlt man sich so mit 29?«

 Ich hatte gerade Geburtstag und war mit diesem Satz folglich gut eingedeckt. Aber der Vorrat daran musste nun auch wieder für ein Jahr reichen. Selbstredend ist die Zahl in diesem Hauptsatz beliebig austauschbar, beginnend vielleicht mit der 17 oder der 18 – wenn sich im Sprachgebrauch eben langsam die muffigen Nullinhalte der Erwachsenen einschleichen. Ich nehme gleichzeitig an, dass ab etwa einem 84. Geburtstag diese Frage nicht mehr gestellt wird, weil die Aussicht auf eine Art Antwort dann kleiner ist als ein Safranfaden. Oder weil niemand mehr da ist, der sie fragen könnte – welch' Wohltat! Denn natürlich ist dieser Satz nur eine Kulisse. Sie wird geschoben vor den Moment, in dem schon gratuliert wurde, aber noch nicht weggegangen, sondern weiterhin mit dem Geburtstagskind herumgestanden. Einerseits möchte man als Gratulierender den fremden Geburtstag nicht sofort wieder abtun, aus so einer vagen

Ahnung von Höflichkeit heraus. Andererseits wäre genau das angezeigt. Es gibt nun mal nichts her, dass die Menschen älter werden und Ring um Ring von ihrer Lebenszeitbonbonkette abknuspern. Und schon gar nicht wird sich am Geburtstag irgendwie gefühlt, wo einem als Jubilar diese neue Zahl so fremd und kantig vorkommt wie eine neue Jeans, an der hinten auf der rechten Pobacke noch ein Pappkarton mit Markengeschwurbel hängt. Bis man sich einigermaßen in die neue Zahl eingesessen hat, sie die Bügelkanten und andere Schrecken verloren hat, dauert es eine Weile. Dann vielleicht fühle ich mich 29, aber auch nur aus einer Gewohnheit heraus, weil ich das 28er-Gefühl schon wieder vergessen habe. Ohnehin noch nie habe ich aber »Mensch, bin ich gerade dolle 25!« gedacht. Nicht mal in der Achterbahn.

Deswegen gibt es auf diese Frage vor Ort auch nie mehr als ein hilfloses Schulterzucken, an das vielleicht noch ein wenig industriell vorgefertigtes Gejammer über das Altern gehängt wird. Damen übrigens, die Besitzerin einer Modeboutique oder mehrerer Papageien sind, werden zwar aus Pietätsgründen selten mit diesem Hauptsatz belästigt, sie aber sind die Einzigen, die darauf vollmundig antworten, sie fühlten sich wie 29. Obwohl sie gerade natürlich 53 geworden sind. Da ich leider papageientechnisch noch nicht soweit bin, nickte ich den Satz neulich also in gewohnt lahmer Manier ab. Nicht nur das, ich parierte auch die Sätze »Und, machste ne Feier?« und »Ich dachte irgendwie, du wärst schon 30« mit jener stoischen und ans Machiavellistische grenzenden Kälte, für die ich seit meinem ersten Lebensjahr bekannt bin.

»Ich liebe dich auch«

Es dürfte zu den größten Herausforderungen des Blabla gehören, den Satz »Ich liebe dich« ordentlich an sein Ziel zu bringen. Ewiges Problem dabei ist, dass man ihn schon so oft bei professionellen Sprechern in perfekt ausgeleuchteten Szenarien beobachtet hat, in denen zusätzlich meist noch Schiffsuntergänge, Flugzeugstarts und großflächige Explosionen stattfanden. In solcher Kulisse freilich ist der Satz schnell und markig ausgesprochen. Über die Falten einer fast leeren Mettwursthülle hinweg, an einem Dienstagabend vor den Tagesthemen fällt das ein wenig schwerer. Es ist nämlich niemals leichthin zu sagen, sondern trägt immer schwer an sich, dieses »Ich liebe dich«. Es verlangt mindestens nach Kniefall und ein bisschen Wind in den Gesichtern der Beteiligten. Versucht man es einmal wie nebenbei und lässig abzusetzen, wird das »liebe« oft so abscheulich unbetont und kurz, dass es klingt wie »lybbe«, als wäre man eine

Computerstimme in einem Spielzeugbrot aus Bangladesch. (Früher kam so Zeug ja immer nur aus Taiwan, wann genau hat da das »Umdenken« eingesetzt?)

Nun, diese Schwierigkeiten führen dazu, dass das pure und reine »Ich liebe dich« nur selten in seiner ganzen Gravität in Mietwohnungen und Treppenhäusern ausgesprochen wird. Die Alltagsliebe wird dort mit dem schwächeren und stimmlich viel anspruchsloseren »Ich habe dich lieb« zur Genüge bekundet. Oder aber das »Ich liebe dich« verkommt zu einer stereotypen Schlussformel unter Paaren, wird zum Beispiel mechanisch an das Ende jedes Telefongesprächs gehängt und steht dann dem Charme der telefonischen Zeitansage in nichts nach.

Auf diese beiden Varianten des falschen »Ich liebe dich« jedenfalls, wird freiherzig das sehr einfache »Ich liebe dich auch« geantwortet. So wichtig und ernst das originale »Ich liebe dich« ist, so minderwertig, ja geradezu nichtsnutzig ist dieses »Ich liebe dich auch«. Es kuscht sich ein, es ist ein Mitläufer, ein beliebiges Geschwafel der Zuneigung, das gar nichts kostet. Und alles nur wegen dem »auch«. Alles macht es kaputt. Wenn sich einer auf ein Denkmal hinstellt und voll Inbrunst sagt: »Ich schätze ein gut gebügeltes Hemd!« – ein Satz wie ein Gebirge! Kommt dann von der anderen Seite ein anderer auf einem Denkmal angerollt und entgegnet: »Ich schätze ein gut gebügeltes Hemd auch!«, dann wirkt er nur wie ein langweiliger Mensch dritter Klasse. Denn das »auch« klingt nie anders als nachgemacht. Nachgemachte Liebe aber ist wertlos, keiner mag sie haben. Deswegen müsste unter Liebenden die diesbezügliche Bekräftigung eigentlich so ablaufen, dass erst der eine »Ich liebe dich« schmettert, und dann der andere aufs Gramm genau so antwortet: »Ich liebe dich!« Und dann immer so hin und her, bis einer der beiden erschöpft »Ich dich auch« murmelt und deswegen den Tisch abräumen muss.

»Dir kann man nichts schenken, du hast schon alles!«

Ich bin ein Einbahnschenker. Das heißt, ich bin gut im nette Sachen mitbringen, am liebsten ohne Anlass und die netten Sachen leicht überzogen. Es gefällt mir, wenn die beschenkten Menschen dann sagen: »Dasistdochvielzuviel« oder »Wahnsinnwohastdudenndasher?«, aber ich schinde es auch nicht. Ich denke lange über das richtige Geschenk nach, unterhalte ein Logistik- und Einkaufsnetz auf der ganzen Welt und stelle alles pünktlich und ohne großen Schmus auf den Gabentisch, bitte, danke, und sonst so?

Aber ich kriege nicht gerne Geschenke. Erst mal, weil mich das immer etwas beschämt. Und zweitens bin ich in der Rolle des Beschenkten eine Fehlbesetzung, obwohl ich den Text kann. »Dasistdochvielzuviel« oder »Wahnsinnwohastdudenndasher?« kriege ich nie über die Lippen, ohne dass es so falsch aussieht wie ein als Frau verkleideter Junge im Schultheater. Ich grinse wie Johann Lafer, hüpfe, schreie, reiße mir die Haare aus, halte das Geschenk wie ein verliebter Gewichtheber über meinen Kopf, kurz, ich veranstalte ein amtliches Spektakel, aber die Schenker sehen mir nur einmal in die Augen und sagen dann: »Dir gefällt's nicht. Du hast schon ›Generation Golf‹, oder?«

Und damit sind wir beim zweiten, nicht sonderlich populären Geständnis: Ich kriege überwiegend Mist geschenkt. Vor dem Schenktermin rufen mich stöhnende Menschen an oder stellen mich im Treppenhaus: »Was wünschst du dir?« Ich sage: »Och nichts, ich habe alles.« Sie glauben es nicht und rufen zwei Tage später noch mal an: »Dir kann man nichts schenken, du hast schon alles!« Ich sage: »Ja.« Es stimmt, ich habe alles und zwar meistens schon in meiner Lieblingsversion.

Aber der Gott hat auch für solche Fälle Geschenke erfunden: Blumen und Weinfläschchen. Beides welkt schnell in meinen Gefilden. Aber bringt mir jemals jemand nur Blumen mit und einen fröhlichen Gruß? Nie! Lieber schleppen die Menschen Gerätschaften an, Eiscrusher, Eislöffel, Eisdielengutscheine – als hätte man mich je mit einem Eis in der Hand gesehen. Ich habe das gesamte unnütze Sortiment der Ladenkette Butlers im Schrank stehen und dazu noch mal eine Galeere voll mit ironisch gemeinten Geschenken: Kinderbrettspielen, Skibrillen aus der DDR, Schallplatten, auf denen was mit Max steht etc. Diese vermeintlichen Originalitäten sind eigentlich noch schlimmer als der Butlers-Kram. Offenbar haben die Menschen Angst, ich würde sie enterben, wenn sie aus Versehen etwas ganz Bürgerliches schenkten. Wie gerne bekäme ich mal Krawatten, Manschettenknöpfe, einen guten Kugelschreiber, ein silbernes Feuerzeug. Das aber ist Spießerkram, das gibt's nicht.

Auf gut Glück Bücher zu verschenken ist eine mir komplett unverständliche Krankheit. Bücher, die ich lesen möchte, kaufe ich mir sofort selber und das schon seit Jahren. Bücher, die ich mit der Bemerkung geschenkt kriege, »Das gefällt dir sicher!«, gefallen mir in aller Regel nie. Falls sie mir gefallen, kenne ich sie schon. Wie gerne bekäme ich sinnlose Coffeetable-Books geschenkt – Newton, Turkish Interiordesign, Old English Hideouts – kaufe ich mir nie, nehme ich aber gerne in die Hand, genau wie ein silbernes Feuerzeug. Ich sage also allen: »Schenkt mir große Coffeetable-Books.« Was kommt? Die komplette Backlist von Kiepenheuer&Witsch. »Haben wir uns nicht getraut, dir nur so ein langweiliges Fotobuch zu schenken!«

Sie sind einfach so rührend nett, meine Freunde, dass mein Herz ein Bumperl macht. Und deswegen lasse ich mir nichts anmerken, grinse wie Johann Lafer, hüpfe, schreie, reiße mir die Haare aus und halte »Herr Lehmann« wie ein verliebter Gewichtheber über meinen Kopf.

»Das schmeckt so ein bisschen wie Hühnchen«

 Wer je einmal aus dem Blechnapf etwas Exotisches fraß, muss sein ganzes Leben den anderen davon berichten. Wer also Ratte, Hund und Igel probiert hat, wer seine Zähne in Froschschenkel und Singvögelchen rammte oder wer gar am Alligator nagte, der sucht fortan nach Vergleichen, um den restlichen Feiglingen diese Genüsse zu beschreiben. Alle diese Sachen schmecken dann in der Nacherzählung immer wie Hühnchen, ein bisschen. Davon abgesehen, dass das gar nicht sein kann, weil Gott allen Lebewesen ein eigenes Gschmäckle verliehen hat, ist dieser ewige Hühnchenvergleich auch unklug. Er schmälert schließlich den Mut des wilden Spachtelheinis. Wenn was wie Hühnchen schmeckt, war's ja nicht so schlimm. Und alle Zuhörer denken natürlich insgeheim, dass sie diese Sauereien dann gar nicht selber testen müssen, sondern schön beim Originalhühnchen bleiben können. Denn damit verpassen sie offenbar nix und

zur Not könnten sie sich beim nächsten Biss ins Hühnerbrot vorstellen, es wäre ein Hamsterbrot und fertig ist der Nervenkitzel. Schöner wäre es, wenn die Exotenesser von diesem ganz eigenen Igelflavour schwärmen würden, von der sensationellen Straßenköterwürze und dem seltsam sauren Kakadukompott. Da würden die anderen ehrfürchtig nicken und vielleicht sogar so neugierig werden, dass sie selber mal einen Kakadu mitnehmen, zum Zwecke der Kompottgewinnung.

Kulinarische Feingeister mögen außerdem anmerken, dass Hühnchenfleisch nach nicht viel schmeckt, dass es das neutralste weiße Zeug überhaupt ist. Gerade deswegen ist es auch bei heikelsten Essern beliebt – als geschmacklose Fleischportion zu Ketchup oder Soße, nicht mal farblich einschüchternd. Es ist also nur folgerichtig anzunehmen, dass alles, was irgendwie wie Hühnchen schmecken soll, auch ziemlich fades Zeug ist. Oder dass der Erzähler sich gar nicht mehr erinnern kann, wie nun der Beagleburger in Vietnam geschmeckt hat. Dieses Nichterinnern setzt der Kopf geschmacklich in Hühnchenfleisch um. Vielleicht hat der Weltreisende es ja auch ganz schlau angestellt und keine einzige der prekären Spezialitäten selber verkostet. Er weiß: Daheim kann man einfach sagen, Leguan und Seegurke würde, tja, so ein bisschen wie Hühnchen schmecken, und alle würden es glauben. Schließlich schmecken ja auch schon Hase, Hund und Igel wie Hühnchen – warum also nicht auch noch ein paar andere?

»Der soll ja auch ziemlich gut sein«

 Ausgehen sieht bei mir in den meisten Fällen vor, dass ich mich mit einem anderen Menschen treffe, während draußen schon Nacht ist. Dann gehen wir zu einem Ort, auf den wir uns nach Austausch von absurden Kriterien (»Aber da gibt's nur Tannenzäpfle«) geeinigt haben, sitzen auf Korkhockern und: reden. Jeder erzählt dem andern seinen aktuellen Sums, und gelegentlich hakt man mal was nach. Kommen andere Menschen vorbei, wird begrüßt und wieder geredet, man schwätzt den ganzen Abend an alle hin und dann geht man ins Bett.

Das ist Ausgehen, wie ich es praktiziere, und es ist ehrlich gesagt harmlos. Aber die anderen in den Clubs machen es doch genauso! Eintritt zahlen, Trinken holen, reden. Ab und zu tanzt mal einer. Wenn welche küssen, dann gehen sie gleich heim. Das alles finde ich auch gar nicht schlimm, ich verstehe nur nicht, warum immer so ein Gewese ums Ausgehen gemacht wird, wenn es doch nichts anderes ist als Rumstehen und Reden, während unsere Eltern schlafen. Wozu werden ständig neue Bars und Clubs eingeweiht? Es würde doch auch reichen, in jeder Stadt eine brusthohe Betonmauer als Ausgehort zu deklarieren, an der ich auf der einen und mein Kumpel auf der anderen Seite stehen können und dann: reden, reden, reden, bis uns schlecht wird. Dazu noch ein Getränkeautomat, fertig.

Das Redemenü eines durchschnittlichen Abends sieht meistens so aus:

1. Begrüßung plus »Und wie isses?«

2. Gegenseitiges Erzählen, wie es gerade is' – also Tagesaktuelles und Bemerkenswertes der letzten Wochen.

3. Kurzer gemeinsamer Ausblick in die Zukunft, also Studienende, Pockenimpfung oder Urlaub.

4. Dezentes Nachbohren bei bekannt schwierigen Themen wie Eltern, Heuschnupfen und Ex-Freundin.

Dann kommt das weite Feld des angenehmen Plauderns mit freier Themenwahl. Da meine Freunde und ich nur minderpolitisiert sind, geht es sofort um Bücher, Filme, Musik und das liebe Glotzofon. Hier tanzt jetzt der Hauptsatz seinen ergiebigen Tanz. »Kennste die Platte? Soll auch ziemlich gut sein« ist ein ins Endlose ausdehnbares Werfen und Fangen von Nichtinformation, quasi die ewigen Notfalltropfen der Unterhaltung. Es reicht, dass man irgendeinen Namen aus dem Feuilleton behalten hat, und den bekommt der andere samt Hauptsatz serviert. Man selber sonnt sich im Glanz kleiner Kennerschaft, und der andere muss retournieren. Er retourniert zum Beispiel sehr gerne mit dem ewigen Kinosatz »Stimmt, da wollt' ich auch noch rein«. Oder aber mit dem vagen Klassiker: »Das hab ich irgendwie schon mal gehört, der Name sagt mir auf jeden Fall was.«

So wiegen wir uns in einem nahezu inhaltslosen Gespräch, in dem es nur darum geht, rechtzeitig wieder einen Regisseurnamen oder einen Plattentitel einzustreuen, um dann nach Hühnerart ein bisschen daran herumzupicken, bis uns wieder was einfällt, was auch noch ziemlich gut sein soll. So vergeht die Nacht, und am nächsten Tag darf ich erzählen, dass ich wieder aus war und zwar so richtig mit allem, was dazugehört, mit Stehen, Reden und Dunkel.

»Wann is'n Ostern dieses Jahr?«

Der Unique Selling Point des Kindseins ist ja das Unwissen. Nicht nur Unwissen über die detaillierten Zusammenhänge zwischen der Profiltiefe von Winterreifen und ADAC-Plus-Mitgliedschaft. Nein, die selige Unkenntnis über die Grundzüge des Ganzen, über Zeit und Ort ist es, die die Kindheit zu einem so ungetrübten Diffundieren im Kosmos macht, sogar in Mainz.

Man kennt als Kind zum Beispiel die Hintergründe von Festen wie Ostern, Weihnachten und Geburtstag nicht, umso besser hat man sich gleich die Vordergründe gemerkt: Geschenke und Marmorkuchenflatrate. Aber wann nur, diese Frage trägt sich bis in den Kinderschlaf, würden diese Herrlichkeiten das nächste Mal stattfinden? Morgen nicht, das war leider bald klar. Wann war ein Jahr vergangen, und was war ein Jahr? Man wusste es nicht, man ahnte erst was, als Mama den Kranz an die Tür hängte und der Kindergarten wieder im Dotter schwamm, weil kartonweise Eier ausgeblasen wurden. Da kombinierte das Kinderhirn, und die fertige Denkfrucht war: Jetzt kommt also wieder das Fest mit dem Grünzeug und der wenig subtilen Hasenthematik. Wahrscheinlich versteckt Papa wieder ein Fahrrad hinterm Baum, weil das alte schon wieder zu klein ist, und die Eier lassen sich nicht schälen – herrlich! Vor allem herrlich, weil man so überrascht wurde und weil es dergestalt ständig passieren konnte, dass man übermorgen Geburtstag hatte oder nächste Woche ans Meer gefahren wurde. Alles war möglich, das Leben eine Wunderkammer, in der die Türen nach unsichtbaren Mechanismen aufgingen.

Mit dem Verstehen des Kalenders, mit dem strengen Rahmen, den all die herrlichen Dinge bekamen, wurde das Wunderbare berechenbar. Geburtstag und Weihnachten, Silvester und die Sommerferien waren fortan immer klar erkennbar gleich weit voneinander entfernt. Nur Ostern hat sich bis heute ein bisschen vom Unwägbaren erhalten, weil es so unstet auf der Kalenderleiste hin- und herrutscht und weil man sich gegenseitig ununterbrochen den Hauptsatz fragen muss, so lange, bis der Ostersonntag wirklich direkt vor der Tür steht. Ostern ist dabei eigentlich immer »so früh dieses Jahr« oder wahlweise »dieses Jahr ganz spät«. Die Antwort »Ostern ist dieses Jahr ganz normal« scheint irgendwie nicht zur Verfügung zu stehen, und das ist gut so. Denn damit wäre dem Osterfest (zumindest für die Kirchenfernen) der letzte Spannungsmoment genommen. So aber wabert es durch den Frühling wie ein unsichtbares Raumschiff, so lange, bis eines Tages die alte Mutter anruft und fragt, ob man schon den Kranz an die Tür und diversen Dotter verblasen hätte, schließlich wäre ja nächsten Sonntag schon Ostern.

Und schwupps, für ein paar Sekunden ist man wieder Kind, kann es nicht fassen, denkt an die wenig subtile Hasenthematik und sieht hinterm nächsten Baum nach, ob ein Kinderfahrrad versteckt ist.

»Muss man auch mögen«

Aktuell gab es diesen Windbeutel von einem Satz vor allem im Zusammenhang mit Karneval zu hören. Den musste man nämlich auch mögen, damit ... ja, was eigentlich? Damit man ihn mag? Genau. Dieser Hauptsatz ist also eine Feststellung mit etwa der Notwendigkeit einer neuen Allergie. Trotzdem hört man ihn treppauf, treppab und auch in Souterrains und auf Parforceritten ständig. Wer ihn sagt, will eigentlich ausdrücken, dass er das betreffende Sujet eher nicht mag. Weil aber das Nichtmögen in gewissen Kreisen schnell mit dem unschicken Nichtaufgeschlossensein gleichgesetzt wird, verpackt man es als vorsichtige Anerkennung. Tanztheater muss man dann also eben mögen, genau wie Stockfisch oder Baden in kleinen, eiskalten Emailleeimern. Unsere Eltern sagten bei gleichem Anlass noch: »Jeder nach seiner Façon!« Wobei das Wort »Façon« als »Fassongg« eingedeutscht wurde. Das war damals schon der gleiche Reflex, weil man mit dem irgendwie mondän klingenden Wort »Façon« auch die unverständlichsten Neigungen leicht adeln konnte, also sogar Motorradmessenbesuche oder Extreme-Brennnesselsud-Drinking.

Oft nutzen Menschen den obigen Hauptsatz auch als letzte Zuflucht, als verbalen Gnadenhof quasi, wenn das Denkzentrum sonst nix mehr hergibt. Das passiert leicht, zum Beispiel wenn sie etwas hören, das sie trotz Fernsehabitur nicht gleich begreifen. Zum Beispiel die akut grassierende Geschichte von der Kaffeebohne, die von einer Wildkatze verdaut und anschließend als Delikatesse gesammelt wird. Mit dieser biederen Mär kann man in einem deutschen Durchschnittswartezimmer immer noch gute Mengen offener Münder und »Mussmanauchmögen« aus den Kronen schütteln.

In die gleiche Familie wahlloser Bemerkungen gehört übrigens auch der Zusatz »Wenn's gut gemacht ist«. Damit möchte man den bedeutsamen Umstand kundtun, dass man etwas nur dann mag, wenn es gut gemacht ist. Sushi zum Beispiel oder auch wieder Tanztheater. Das Gegenteil, also die Bedingung, dass etwas schlecht gemacht sein muss, hört man leider nur selten. Allenfalls in dem Zusammenhang, dass Horrorfilme oder Prominentenfrisuren dann besonders unterhaltsam sind, wenn sie schlecht gemacht sind. Obwohl man in seinem Leben also stets immer nach dem gut gemachten schielt, hat der Satz nur ein begrenztes Einsatzgebiet. »Ich mag Bundestagswahlen nur, wenn sie gut gemacht sind«, klingt klar und deutlich nach Doofsinn. Wohingegen die Version »Ich mag Menschen nur, wenn sie gut gemacht sind« eine völlig korrekte Aussage darstellt, die sich 2010 hoffentlich durchsetzt.

»Du hast wirklich einen gesunden Schlaf«

 Dieser Hauptsatz ist nur der Bommel einer ganzen Mütze von Sätzen, rund um das Thema »Wie der eine von zwei schläft«. Oder noch besser: »Wie der eine von zwei überhaupt ist.« Das ist natürlich ein Pärchenthema. Männer beim Aalangeln teilen sich eher selten mit, wie es um das Schlafvermögen ihrer Bettgenossinnen bestellt ist. Aber die Paare! Sitzen sich zu viert gegenüber und starten das immergleiche »Küss mich, Dummkopf!«-Verhalten. Bei dem wird der eigene Partner erst mal als mittlerer Hanswurst dargestellt, um ihn dann, wenn das befreundete Paar Mitleidslaute absondert, umso wonniger in den Arm zu nehmen. Das geht also so:

Sie: »Ich hab ja heute so schlecht geschlafen, dank eines gewissen Herrn ...«

Allgemeines Girgeln und Grienen.

Der gewisse Herr (übertrieben): »Wieso? Ich habe gut geschlafen!«

Sie (ans Plenum): »Ja, Hauptsatz. Da könnte man auch eine Kanone abfeuern / das Haus einstürzen / ich entführt werden. Das würde der da – (Fingerzeig, Bauchpiek) – nie merken.«

Bei drei von vier Anwesenden herrscht sofort galoppierende Champagnerstimmung. An diesem Punkt ist der übelste Gipfel der Gegenseitigkeit erreicht und wird fortan mit anderen Themen durchdekliniert: Essen, Aufmerksamkeit, Fahrverhalten, Sexverhalten. Immer wird der eine Partner an den Beinen aus dem Fenster gehängt – wie gut das insgeheim dem anderen tut – und erst nach ein paar Sekunden des Leidens wieder rehabilitiert: »Och nein, komm her, ich freu mich doch, wenn du so gut schläfst.«

Solche Giesswein-Kaffeenachmittage unter Pärchen können sehr anstrengend werden. Vor allem, wenn Paare dabei sind, die bald keine Paare mehr sind. Die schaffen es gerne nicht mehr, die spielerisch aufgeworfene Distanz zu ihrem Liebsten ebenso spielerisch wieder zu überbrücken. Stattdessen fällt ihnen auf, dass der andere in dieser und jener spielerischen Hinsicht (Kindererziehung, Umgang mit Geld etc.) ja wirklich ein kompletter Trottel ist. Dem anderen Paar fällt das auch auf. Ergo: Keiner holt den öffentlich Beschuldigten wieder zurück. Er hockt da und denkt so was wie: Na, bravo. Das andere Paar muss jetzt trotzdem einspringen mit einem Barbecuelächeln, nee, Süßsauerlächeln! Und als Ablenkung empfiehlt sich in dieser schwierigen Situation der allgemeingültige Satz: »Hast du mal vielleicht was von der Melanie gehört?«

»Das geht ganz schön auf die Gelenke!«

 Mit den Gelenken ist es eigentlich wie mit dem Finanzamt und der Lichtmaschine im Auto – solange man nichts von ihnen merkt, ist alles gut. Allerdings, das ist der Unterschied zu den beiden anderen, gibt es für Gelenke Apostel, und zwar wie es sich für Apostel gehört: selbsternannte. Meistens sind das Mitmenschen, die schon als Kind die kargen Freuden der Krankengymnastik erleben durften. Diese Freunde der Gelenke also sehen mich an der Bushaltestelle stehen und sagen: »Obacht! Das ist nicht gut für die Gelenke, wie du da stehst.« Dabei pflege ich an Bushaltestellen äußerst herkömmlich zu stehen. Im Supermarkt, wenn ich den Einkaufskorb lustig hin- und herschwenke, bleibt ihnen der Mund offenstehen: »Das würd' ich nicht machen, belastet voll die Gelenke.« Umgehend schmerzen sie mich auch, die sämtlichen Gelenke, selbst die ganz kleinen im Souterrain. Eigentlich, denke ich dann, ist man ja doch wohl ein einziger großer Hau-

fen Gelenk. Füße, Knie, Hüften, Hals – es gibt kein einziges Körperteil, das man mal unvernünftig schwenken oder in die Geranien kippen könnte, ohne dass gleich die Gelenke draufgehen.

Neulich habe ich aus schlechtem Gewissen meinem verlebten Lebekörper gegenüber mal ein paar Liegestützen gemacht. Und gleich in der Mittagspause stolz davon erzählt, von jeder der vier. Schon hagelte es Zeigefinger. Ob ich hoffentlich Liegestützengriffe benutzt hätte, weil wenn nicht, könnte ich meine Handgelenke jetzt schon aus der Inventarliste streichen. »Das geht nämlich voll auf die!«, sagen die Gelenkapostel und benutzen damit das Fachverb für Knorpel und deren Verschleiß. Alles »geht« auf die Gelenke, Gehen geht auf die Gelenke, Sitzen und Schlafen sowieso. Schaut man sich eine Zirkusvorstellung im Fernsehen an, fällt mindestens siebenmal der Satz. Dabei würde er strenggenommen nur stimmen, wenn während der Vorstellung ein Elefant einem Artisten auf den Gelenken herumgeht. So unfallmäßig. Dann sind die Artistengelenke auch richtig hin, vermute ich, ohne mich damit auszukennen.

Na, jedenfalls habe ich die morgendlichen Liegestützen gleich wieder sein gelassen, mit dem Verweis auf die zu schonenden Gelenke. Da haben die sich aber gefreut. Der restliche Body fand es schade und hat eine Protestnote formuliert. Liegestützengriffe zu erwerben, um die Gelenke zu schonen, kam natürlich nicht in Frage. Das Prinzip Liegestütze fand ich ja gerade deswegen gut, weil es so ein bisschen die Hantelbank des kleinen Mannes ist: Man hebt sich selber, stemmt das eigene Gewicht und empfindet so nach, was die arme Erdkruste Tag für Tag an einem schleppt. Aber mit speziellen Griffen – nein! Fitnessaccessoires kaufe ich mir allerfrühestens, wenn ich sechzig bin. Dann sind meine überlasteten Gelenke alle schon Ersatzteile aus einem Material, das normalerweise in der Raumfahrt eingesetzt wird. Ich kann sie beliebig auswechseln und allein in die Hantelbank einspannen, während ich ungelenk abhänge.

»Jetzt mal ganz ehrlich gesagt«

 Ich warte auf den Abend, an dem Tom Buhrow in den Tagesthemen den Satz spricht: »Und jetzt kommt, mal ganz ehrlich gesagt, das Wetter mit Sven Plöger.« Da würden sich zwar die Sprachpäpste anderntags ordentlich echauffieren (oder was ist das korrekte Tunwort für Sprachpäpste: erzürnen? Sich in Harnisch bringen?), ich aber würde ruhig bleiben, denn ich habe die Pandemie dieses Satzes seit Jahren mit Sorge verfolgt und davor gewarnt, aber mein Warnen war nur eine Kinderfackel im Sturm.

Als ich diesen Hauptsatz das erste Mal hörte, erfüllte er noch weitgehend das, was er versprach, er leitete eine unangenehme Ehrlichkeit ein. Meine Mutter sagte: »Also mal ganz ehrlich gesagt finden wir, dass du dich nicht bis um zwölf am Rathausbrunnen rumdrücken solltest. Und was die anderen dürfen, ist mir egal.«

So weit, so ehrlich. Seitdem hörte ich den Satz immer öfter und muss dabei den gleichzeitigen Verfall seiner Brisanz feststellen. Wenn sich heute zwei mal ganz ehrlich etwas zu sagen haben, ist das meistens nichts anderes, als was sie sonst gesagt hätten. Sie versuchen es nur durch den vorgeschobenen Halbsatz ein bisschen interessanter zu machen. Das klingt dann so:

»Hey, jetzt mal ganz ehrlich gesagt, weiß ich überhaupt nicht, warum auf Mülltonnen immer der Satz steht, dass man keine heiße Asche einfüllen soll!« – »Ey du, ganz ehrlich, das frag ich mich auch immer!«

Es gibt sie eben nicht mehr selbstverständlich, die guten, ehrlichen Dinge. Es gibt stattdessen das »ganz ehrlich«, das als Discountware durch unsere Alltagssprache wabert. Dort erfüllt es mittlerweile Allroundaufgaben, schlimmer als ein Opel Kombi. Ganz ehrlich, ich bin auf dem Weg zum Flughafen, ganz ehrlich, ich glaub, der Tisch da ist schon noch frei, ganz ehrlich, das ist mir jetzt ein bisschen zu ehrlich.

Der Ganzehrlich-Trend ist ein wenig traurig. Wir ahnen offenbar, dass wir ständig Gefahr laufen, unwahren Plastiksprech abzusondern, so dass wir alles, was wir wirklich anbringen wollen, mit der Aura eines Beichtstuhls versehen müssen. Nur dann hören die Plastikohren der anderen überhaupt noch zu, nur wenn ihnen ungeheuer Wahres versprochen ist. Gleichzeitig ist der Hauptsatz aber auch eine Art Unbedenklichkeitsbescheinigung, dann nämlich, wenn er eine wacklige Meinung kaschieren soll: »Ganz ehrlich, ich finde diese James-Bond-Filme nicht so gut, wie alle sagen.« In diesem Fall wirkt das »ganz ehrlich« wie ein Welpenschutz, dann ist der eigene Verstand wie ein Welp, und weil man »ganz ehrlich« gesagt hat, darf in den keiner reinbeißen. Denn »ganz ehrlich« bedeutet eben auch: schamlos die Mentalhosen runterlassen und so doof sein dürfen, wie man vielleicht ist. Schon allein deswegen wäre ein Eindämmen der Ganzehrlichkeit ein hygienischer Akt für die

Öffentlichkeit. Denn die schonungslose Aufrichtigkeit von allen Seiten ist doch wesentlich anstrengender als leicht verlogener Meinungsmainstream. Ganz ehrlich.

»Ich bin schon wieder urlaubsreif!«

 Um zum Beispiel die Reife von Mangos in Supermärkten festzustellen, muss man ihnen an den dicken Hintern fassen. Flitscht man dabei durch bis zum Kern, ist die Mango zwar reif, aber leider mit Loch. Flitscht man nicht durch, sollte sie noch mindestens zwei Wochen in der Küche nachreifen, wobei man sie regelmäßig aus den Augen verliert und erst nach vier Wochen hinter einem Topf wieder entdeckt – in ihrem gemütlichen Schimmelbett.

Menschen hingegen muss man nur einige Wochen in Büros rumliegen lassen, dann erhalten sie von selbst die richtige Urlaubsreife. Wer übrigens keine regelmäßige Arbeit hat, wird auch nicht recht urlaubsreif, sondern bleibt entweder ganz hart oder ist gleich faul. Aber wie erkennt man die menschliche Urlaubsreife? An ihnen rumzudrücken bringt nichts, höchstens in der Nackengegend, denn wenn es dort ganz verspannt ist, ruft der Nackenbesitzer: »Ohweh, ganz verspannt, oder? Ich bin echt schon wieder urlaubsreif.« Das sicherste Erkennungsmerkmal der Urlaubsreife ist aber trotziges Verhalten im öffentlichen Nahverkehr. Wer sich dort zum Beispiel minutenlang beide Augen zuhält, anderen die Faust auf die Glatze haut oder beim Ein- und Aussteigen übermäßig herumtrödelt, ist schon sehr reifeverdächtig. Wenn dann noch jede Stationsansage des Schaffners mit einem Urrindgrunzen kommentiert wird, ist die Urlaubsreife ziemlich sicher eingetreten.

Künstliche Urlaubsreife wird übrigens in vielen Industrieländern durch doofe Arbeitskollegen oder geschickt platzierte Werbetafeln mit Bikini-Palmen-Ensemble schneller herbeigeführt. Aber Vorsicht, solche kunstgereiften Urlaubsmenschen fühlen sich in immer kürzeren Abständen reif und hängen irgendwann komplett durch.

Wer also rechtschaffen urlaubsreif ist, der muss geerntet werden. Das übernehmen zum Beispiel Air Berlin oder Lufthansa. Die pflücken die Urlaubsreifen in den Großstädten ab, sortieren sie in enge Schachteln ein, die dann per Luftfracht in Gegenden exportiert werden, wo man die urlaubsreifen Früchtchen aus Deutschland schon sehnsüchtig erwartet. Denn nur die lassen sich so richtig gut auspressen.

Wie an jede gute Reife schließt sich auch an die Urlaubsreife eine Verwesung an, allerdings nur eine temporäre. Man west 14 Tage an Stränden und kniehoch mit Halogenspots beleuchteten Hotelanlagen herum, verrottet kontrolliert in Hängematten und Whirlpools. Auch wenn es keiner zugeben will, erlangt der Mensch während dieses Vorgangs zunächst ein Abschwellen der Urlaubsreife und schließlich sogar wieder eine leichte Arbeitsreife. Vollends arbeitsreif ist schließlich einer, der am Strand den Satz »Ich freu mich aber auch mal wieder auf richtige Knödel und ein Weißbier« loswird und dann den Kokosnussverkäufer mit Urrindgrunzen in die Flucht schlägt. Manchmal erkennt man die Arbeitsreife auch an knallroter

Hautfarbe oder vertrocknetem Stängel. Kaum daheim, geht der Reifegrad dann wieder in die andere Richtung, so ist eben das Leben – ein ewiges Reifen und Entreifen. Zwischendrin greift einem auch mal einer im Supermarkt an den dicken Hintern, aber am Schluss geht's dann ins finale Schimmelbettchen – ausgereift und voll zermatscht. Mensch, was bist du anderes als eine Mango?

»Pfeifenrauch rieche ich ja total gerne«

 Mein Vater war ein begnadeter Pfeifenraucher. Er trug stets eine Pfeifentasche mit zwölf verschiedenen Pfeifen mit sich und zelebrierte das wundersame Ritual der Rauchvorbereitung allabendlich, beleuchtet von meinen großen Kinderaugen. Filter, Reiniger, Stopfer, Klopfer, Tabakmischungen aus Dänemark und dazu das Wissen um die richtige Abkühlstrategie und den jeweils angemessenen Pfeifentyp machen das Pfeiferauchen zu einer Wissenschaft, gegen die Zigarettenrauchen wie Gummihüpf ist. Wenn wir irgendwo eingeladen waren, gab es immer eine kurze Diskussion, ob mein Vater seine Pfeifentasche auspacken dürfe, woraufhin sämtliche anwesenden Damen den Hauptsatz flöteten und schon verwandelte mein toller Papa sich in eine qualmende, gemütliche Dampflok, die auch in die heiligsten Nichtraucherhallen dampfen durfte. Für mich war dieses Theater damals, das in dem Hauptsatz endete, wieder so typisches

Erwachsenengetue, ähnlich überflüssig wie alle Impfungen, die man nicht auf einem Zuckerwürfel schlucken konnte. Schließlich war für mich ein Vater erst mit einer Pfeife vorne raus komplett, alle anderen Heinis waren nur Männer.

Irgendwann, ich kann mich nicht mehr genau erinnern warum eigentlich, hörte mein Vater auf zu pfeifen. Ich glaube, er hatte einen Artikel über Zungenkrebs gelesen. Von einem Tag auf den anderen verschwand die Tasche mit den Pfeifen, die mittlerweile selber schon so gut roch, dass man sie problemlos in einem britischen Herrenclub als Duftbaum hätte aufhängen können. Seitdem liegt sie im alten Schrank in der Garage, links neben dem Karton, auf dem seit zwanzig Jahren »Maxi's Playmobil« steht. Der Schrank selber wurde schon lange nicht mehr geöffnet, viel zu viel hat sich davor gelagert, insbesondere die Zeit und alte Winterreifen.

Alle zwei, drei Monate denke ich trotzdem an diese Pfeifentasche, und wie sie da weit weg im Dunkeln liegt. Ich habe dann das Gefühl, ich müsste hingehen und sie an mich nehmen und, ja, anfangen, die Pfeifen meines Vaters zu rauchen. Ich bin mir sicher, der Hauptsatz funktioniert heute noch, und ich wäre mit einer Pfeife überall der Geruchsdarling. Tabak stopfen und Schmauchen sind auch zwei Tätigkeiten, die ich bestimmt bald erstklassig beherrschen würde. Trotzdem ahne ich, dass die Pfeifentasche in den nächsten Jahren ihren Abstellplatz nicht verlassen wird. Die Gegenwart ist mit der Tabakspfeife einfach nicht mehr kompatibel, da geht es ihr wie dem Rumtopf. Wenn ich meinen Kollegen übermorgen mit lustigem Pfeifchen (oder einem Rumtopf) gegenübersäße, käme überhaupt niemand mehr zum Arbeiten, weil alle mit der ständigen Verleihung des Exzentrikerordens an mich beschäftigt wären. In den zwei Quadratmeter großen Raucherarealen auf dem S-Bahnsteig verbietet sich der Gebrauch einer Pfeife von selbst, und bei mir daheim am Küchentisch wäre ich zwar ungestört, müsste aber vermutlich

ununterbrochen das Wort Zungenkrebs denken und all die neumo-
dischen anderen Krebse. Vielleicht brauche ich da aber einfach nur
einen gutaussehenden kleinen Sohn, der mir dabei zusieht. So ist
es doch: Söhne brauchen nette Väter, Väter brauchen nettes Pfeifen-
stopfpublikum.

»Hört man ja gar nicht!«

 Das Herumtragen eines Dialekts würde ich gerne unter strenge Auflagen stellen. Ich finde, es sollte nur dem erlaubt sein, Dialekt zu sprechen, der vorher eine Prüfung in korrektem Schriftdeutsch abgelegt hat, und zwar eine mündliche. Jetzt hansmosern gleich wieder welche: »Aber Wienerisch ist doch total schö-hön.« Stimmt ja auch, ich mag eigentlich jeden guten Dialekt. Wenn einer einen hat, gehe ich hin und höre in dem Maße gerne zu, wie ich auch gerne einem versierten Bratschenbauer beim Bratschenbauen zusehe. Aber ich finde eben, Dialekt sollte etwas sein, das man sich nur an guten Tagen umhängt wie ein feines Tuch und das man dann schön wehen lässt. Ein Luxus, den man sorgfältig gebraucht. Im schnöden Alltagssprech oder beim Sex sollte man ihn aber jederzeit zugunsten einer klaren, neutralen und funktionalen Sprache abschalten können.

Ich stelle mir das so vor: Menschen, die einen Dialektschein erwerben wollen, müssen dazu einen Prüfungssaal in ihrem jeweiligen Standesamt betreten, der an den Prüfungstagen mit dicken Schallschutzvorhängen abgehängt ist. Hinter einer blickdichten Strumpfhosenwand sitzen drei Prüfhörer, von denen einer immer ich bin. Dann müssen die Testpersonen den folgenden Testtext aufsagen: »Ich habe den Schwobsi in einer Diskothek neben der Autobahnkirche kennengelernt. Ich kannte den Schwobsi vorher gar nicht. ›Hast du Lust auf ein Gespräch?‹, hat er gefragt. Dabei habe ich festgestellt: Der mag Humor und Leuteverhohnepipeln genauso gerne wie ich. Dann habe ich zu ihm ›auf Wiedersehen‹ gesagt.«

Wer diesen Fallenparcours bewältigt, ohne »isch«, »hasch«, »ned« und andere Mundart-Basics unterzumengen, darf hinter die blickdichte Strumpfhosenwand treten und muss dort nur noch auswendig aufsagen, woher er gebürtig wegstammt. Es sagt der Prüfling also schlimme Dinge wie Esslingen am Neckar, Halle/Saale, Radebeul oder München, und dazu hüpfen wir Amtsschimmelchen wiehernd auf unseren Stühlen und schreien: »Hört man ja gar nicht! Hört man ja gar nicht!«

Alle sind dann sehr glücklich. Mit diesem rituellen Urteilsspruch der Prüfer ist der Dialektschein erworben. Der Prüfling hat bewiesen, dass seine Sprache keine Spuren von Dialekthaselnüssen enthält. Er darf sofort den vergoldeten »HMJGN«-Button mit einer Nadel an seiner aufgedunsenen Moncler-Daunenjacke befestigen, woraufhin der Jacke explosionsartig die Luft ausgeht und der frischgebackene Dialektbesitzer wie ein schwöllernder Luftballon durch die Luft saust. So denke ich mir das.

»Das ist wieder so typisch deutsch«

Ich weiß nicht warum, aber diesen Satz höre ich viel öfter von schnippischen Mädchen als von schnippischen Jungen. (Können Jungen eigentlich überhaupt schnippisch sein, oder ist das ein rein weibliches Adjektiv, genau wie »mollig«?) Diese Mädchen also heißen allesamt Andrea und Tiffy, kommen gerade aus Übersee und riechen noch ein bisschen nach der Zink-Kollagen-Creme, die sie sich im Flugzeug um die obere Bordüre geschmiert haben, damit sie in der »sehr trockenen« Flugzeugluft nicht komplett verschrumpeln.

Diese Mädchen deuten zwei Tage nach ihrer Rückkehr auf meinen Teller mit Fleisch und Soße und sagen: »Puh, schau mal, so viel Fleisch und Soße, das ist wieder so typisch deutsch.« Wenn der Kellner ankellnert, sagen sie: »Ola! Habt ihr auch Kiwischorle? Nö? Och, schade, dann nehme ich nur ein Glas Wasser. Nein, wirklich, mit Leitungswasser bin ich fine!«

Sobald der Kellner abgezogen ist: »Hast du gesehen, wie der geguckt hat? Das habe ich nicht vermisst, dieses Mürrische und nicht gerade Serviceorientierte.« Diese Mädchen finden später auch noch Gartenzwerge und »dass alles geregelt sein muss« typisch deutsch, und am allertypischsten, allerdeutschesten ist natürlich immer das Wetter.

Es hat keinen Sinn, den Tiffys und Andreas zu widersprechen, denn dann knuffen sie mich gutbürgerlich in die Seite und sagen: »Hey, echt no offense! In manchen Dingen bin ich auch gerne mal spießig, zum Beispiel will ich irgendwann ein Haus mit Hund.«

Dabei widerspreche ich doch nur, weil ich finde, dass ganz andere Sachen als Fleisch mit Soße typisch deutsch sind. Zum Beispiel der Satz: »So macht ebay Spaß!« Den bekommt man als Bewertung, wenn man etwas bei ebay ge- oder verkauft hat und sich dabei an die übliche Etikette gehalten hat, also das Geld sofort überwiesen oder das Paket sofort übersandt hat. Dann nämlich macht den Deutschen ebay Spaß.

Das Schreckliche daran ist, dass in dieser eigentlich netten Bewertung stets drohend mitschwingt, dass ebay ja auch ganz schnell keinen Spaß macht – wenn sich nicht alle an die Hausmeisterregeln halten. Mir macht ebay allerdings noch viel mehr Spaß, wenn sich die Menschen gegenseitig fiese Bewertungen und Vorwürfe ins Kontor schreiben, Dinge wie »VORSICHT BETRÜGER!!!! Die Goofy-Lampe ist total zerbrochen angekommen. Meine Anwälte freuen sich schon!«

Eher deutsch kommt mir auch der Reflex vor, angesichts eines Holzofens in einer Wohnung Philosophisches über die »ganz andere Wärme« von Holzöfen absondern zu müssen. Oder bei dem Wort »Streuobstwiese« umgehend an Manufactum zu denken.

Und neulich habe ich mich selber bei einem fürchterlich deutschen Gedanken ertappt. Das war beim gemütlichen Sonntagsfrühstück (auch etwas arg Deutsches), zu dem es tatsächlich ein weiches Ei gab, für mich und meine feste Freundin. So ein weiches Ei kann man ja nur essen, wenn auf jeden einzelnen Löffel auf dem Weg zum Mund ein bisschen Salz kommt. Da wir aber die Eier nicht zeitversetzt essen wollten, gab es ein eher unharmonisches Handgemenge um unseren einzigen Salzstreuer, der immer beim anderen stand und fortwährend mit Dotterhänden hin und her gereicht werden musste. Anstrengend war das! Da dachte ich kurz daran, dass man Salzstreuer vielleicht als Paar verkaufen sollte. Oder wir zumindest über den Erwerb eines Zweitstreuers nachdenken müssten.

Ich sah es schon vor mir: zwei Salzstreuer nebeneinander im Regal, nur damit man sonntags in Ruhe gemütlich frühstücken kann. Huch, das ist doch typisch deutsch!, dachte ich. Und dann: Na, und?

»Also ich bin ja so ein Süßer!«

Möchte der Volksmund noch eine Nachspeise speisen, bedient er sich dabei einer ganzen Reihe von Hauptsätzen. Sie haben alle den gleichen Zweck: Freispruch vom Verdacht der sinnlosen Völlerei.

Denn während Suppe und Hauptgericht anerkannt wichtige Bestandteile einer Mahlzeit sind, gilt das Dessert seit Konrad Adenauer mehr so als Swarowski-Krönchen unter den Nahrungsimporten. Man muss sich dafür beinahe so stark rechtfertigen wie für eine angezündete Zigarette im Kölner Dom. Der obige Hauptsatz also soll die Zuckersucht als liebenswerte Eigenheit kaschieren. Man ist dabei in dem gleichen Maß »Süßer«, wie man bei anderen Situationen auch »Flachlandtiroler« oder »Morgenmuffel« ist: ehrliche Haut, aus der man gerade nicht raus kann, hihi. Die Umwelt nimmt derartige Geständnisse nachsichtig zur Kenntnis, wohingegen sich die Ansage »Ich bin ja eher so ein Deftiger-

Tiger, roarrr!« bisher nicht an den Kaffeehaustischen durchsetzen konnte.

Anatomisch Interessierte führen als Grund für die kapitale Tiramisuschnitte auch gerne den leeren Dessertmagen an, der freilich, das sei hiermit aufgeklärt, nur eine Erfindung der Schokoladenindustrie ist. Menschen mit gut ausgeprägtem räumlichen Denkvermögen brillieren dagegen mit der Feststellung:»Für ein Dessert ist immer Platz!« Wer kann da widersprechen? Man steckt nicht drin, im Dessertmagen des anderen.

Ein Umstand, den ich im Zusammenhang mit Süßspeisen schon immer erörtern wollte, ist die Causa Kaiserschmarrn. Dieser wird in Almhütten und Berggasthöfen mit der gleichen Vehemenz eingefordert wie Tomatensaft im Flugzeug und gute Laune auf Weihnachtsfeiern. Aber nicht nur das – über jede mir bekannte Almhütte kursiert das Gerichtgerücht, demnach der Kaiserschmarrn dort »Kult« wäre. Anders gesagt: Sobald irgendwo über 600 Höhenmeter ein Kaiserschmarrn auf der Karte steht, ist es unweigerlich the Kaiserschmarrn schlechthin.

Man wird dann dort von Wirten und Hüttenstammkunden genötigt, einen zu nehmen, andernfalls, sagen sie, hätte man sein Leben verwirkt. Also bestellt man den legendären Kaiserschmarrn, auch wenn man eigentlich gar nicht so 'n Süßer ist beziehungsweise sämtliche Dessertmägen längst desertiert haben. Was man dann schließlich in einer schon stark kultverdächtigen Eisenpfanne erhält, ist ein Kaiserschmarrn. Um ihn zum Kultschmarrn zu befördern, wurde er in nicht haushaltsüblichen Mengen angehäuft und vom Wirt mit gutturalen Lauten serviert. Und weil es in diesen friedlichen Zeiten wenig Faszinierenderes gibt als Essensportionen, derer man nicht Herr wird, erzählt man die Geschichte vom legendären Kaiserschmarrn weiter, und von allen Hütten der Alpen trägt sich diese Kunde ins Tal und in die Stadt hinein. Dort trifft sie auf die Kunde vom Kultschnitzel, die auf die gleiche Art und Weise entsteht, nur eben ohne Höhenluft. Für das Essen dieser grässlichen quadratmetergroßen Kultschnitzel in Studentenkneipen entschuldigt sich allerdings keiner. Dabei wäre das zerknirschte Bekenntnis »Ich bin ja irgendwie so 'n Riesenschnitzel- und Kult-Kaiserschmarrn-Dödel« viel zeitgemäßer als die altmodische Dessertdemut.

»So was kauft man sich ja selber nie«

 Drei Situationen gibt es, die ich gerne aus dem Katalog für Situationen streichen möchte. Die erste ist das Hindurchgehen zwischen zwei, die sich unterhalten. Das passiert mir ständig in Fluren und Treppenhäusern, in denen Menschen beim Plaudern stehengeblieben sind, während ich hinauf oder hindurch muss. Ich muss über die verwobenen Sätze eines Gesprächs tappen. Danach habe ich überall fremde verbale Spinnenfäden an mir hängen – pfui, eklig!

Die zweite unangenehme Situation entsteht, weil meine Gürtel an der Hose immer genau einen Zentimeter vor der nächsten Gürtelschlaufe enden. Somit kann ich das Gürtelende nicht am Hosenbund fixieren, und es schwingt lang, obszön und bolzengerade vor meiner Leibesmitte. Das fällt mir oft erst auf, wenn sich auf der Straße die Damen ängstlich abwenden, weil ich wie Zorro mit schwingendem Lederpenis durchs Dorf renne.

Die dritte Situation ist diejenige, für die der Hauptsatz erfunden wurde. Es ist die weltweite Sprachlosigkeit nach dem Öffnen eines Geschenks. Um genau zu sein, ist es die Sprachlosigkeit des Sekundärmoments. Denn nach dem ersten »Wow!Hä?WasistdasSuperes?!« darf man das Geschenk nicht gleich weglegen, sondern muss es in den Händen wiegen, von unten ansehen, daran riechen und bei Büchern und Platten sämtliche (!) Aufschriften lesen. Das reicht aber nicht, es muss auch noch mal was gesagt werden. Etwas, das ehrlich klingt und die Zweifel der Schenkenden megafeste zerstreut. »Das ist super weil, äh, so was kauft man sich ja selber nie«, soll also auch der sinnlosesten Gabe einen Sinn verleihen. Ein komplexer rhetorischer Vorgang: eine angetäuschte Antithese ex positivo! Das funktioniert nur beim Schenken, weil dabei alle Beteiligten im Plemplem-Modus sind. Man stelle sich vor, mir würde einer von hinten ins Auto fahren, und ich stiege aus und sagte: »Du, das ist super, weil so was passiert einem von selbst ja nicht.«

Früher haben diesen Hauptsatz nur Frauen gesagt, die üppige Blumenbouqets geschenkt bekamen. Dem Satz haftete dabei immer etwas Protestantisches an. Er klang stark nach: »Ich gönne mir selber nie was, während mein Mann hinten sitzt und Koteletts frisst.«

Heute wird der Satz aber modern für alle Geschenke benutzt und gerät dabei leider oft ziemlich sinnfrei. Zum Beispiel, wenn es sich bei dem Geschenk um Unterhosen oder Bargeld handelt.

»Da hätte ich ein Problem mit!«

Schön, wie biegsam unsere Sprache ist. Hier spreizt sich erst ein kleines Wort, das liebe »damit«, zum Spagat und kriegt dann einen ganzen erigierten Satz zwischen die Beine geschoben. Geil! Das funktioniert auch in anderen, wichtigen Umgangssätzen: »Da (krieg ich Pickel) von!«, »Da (nehm' ich immer Ketchup) zu.«

Dieses System des gefüllten Wortes kommt aber auch an seine Grenzen: »Wa (ziehst 'n du nicht bei deinen fetten Eltern aus) rum?« ist noch schwierig. Aber wer weiß, vielleicht verstehen das die Jugendlichen mit RTL2-Hintergrund bald auch schon?

Zurück zum Hauptsatz und seinen inhaltlichen Qualitäten. Ich möchte das jetzt als kleines Mitmachspiel vorbereiten, genau wie das Fürbittengebet in der Kirche. Also, ich sage ein typisches Problem vor, und die ganze Gemeinde antwortet darauf im Chor mit dem Hauptsatz. Alles klar? Wir machen mal einen Übungsdurchgang:

Ich: »Also wenn da jetzt Rosinen drin wären ...«

Alle: »Da hätte ich ein Problem mit!«

Klappt ja schon ganz gut.

Ich: »Also mit Kindern in der gemischten Sauna ...«

Alle: »Da hätte ich ein Problem mit!«

Ich: »Katzen gehen ja, aber mit einem Hund in der kleinen Wohnung ...«

Alle: »Da hätte ich ein Problem mit!«

Darf ruhig noch bisschen lauter sein. Von hinten höre ich gar nix.

Ich: »Also, wenn ich ganz alleine mit dem Bernd da hinfahren müsste ...«

Alle: »Da hätte ich ein Problem mit!«

Ich: »Wenn ich jetzt zwei Wochen auf der Luftmatratze schlafen müsste ...«

Alle: »Da hätte ich ein Problem mit!«

Ja, jetzt schwingt's, nicht leiser werden.

Ich: »Wenn er dabei an seine Mutter denken würde ...«

Alle: »Da hätte ich ein Problem mit!«

Ich: »Alkohol geht ja noch, aber wenn ich auch kein Fleisch mehr essen dürfte ...«

Alle: »Da hätte ich ein Problem mit!«

Du da, mit der Gartenbank im Gesicht, kannst du mal den Kaugummi raustun?

Ich: »Wenn es den ganzen Tag nicht richtig hell wird ...«

Alle: »Da hätte ich ein Problem mit!«

Ich: »Wenn ich da jetzt was dafür gezahlt hätte ...«

Alle: »Da hätte ich ein Problem mit!«

Ich: »Zweierzimmer geht ja noch, aber wenn ich jetzt im Krankenhaus zu fünft in einem Zimmer liegen müsste ...«

Alle: »Da hätte ich ein Problem mit!«

Ich: »Balkon ist zum Beispiel kein Problem, aber wenn das jetzt ein Riesenrad wäre oder eine Klippe ...«

Alle: »Da hätte ich ein Problem mit!«

So, jetzt langsam wieder leiser werden.

Ich: »Tintenfischringe – ist superokay. Nur wenn da jetzt so Saugnäpfe dran wären ...«

Alle: »Da hätte ich ein Problem mit!«

Ich: »Also wenn die das Kopftuch auch als deutsche Kanzlerin aufhaben wollen würden ...«

Alle: »Da hätte ich ein Problem mit!«

Ich: »Gut, wenn Apple jetzt zum bewaffneten Kampf aufrufen würde ...«

Alle: »Da hätte ich ein Problem mit!«

Danke, das war sehr gut.

»Boah, voll der Frischluftschock!«

Ein Frischluftschock ist etwas, das man erleidet, wenn man nach acht Stunden in einer Kneipe vor die Tür tritt und sich sogleich und wider Erwarten in knallharter Echtluft befindet. Manche sagen auch Sauerstoffschock dazu. Die Höhe des Nachthimmels und die vollkommene Nüchternheit des Draußens verursachen einen kleinen Schwindel. Man muss dann schnell nach unten schauen, um wieder etwas Vertrautes zu sehen: die eigenen alten Füße und den Boden, der mal wieder so zuverlässig in der Nähe ist wie sonst niemand.

Es ist weniger eine medizinische Reaktion, die diesen Schwindel auslöst – schließlich sind wir dafür gebaut, Frischluft zu verarbeiten – als eine moralische. Die Nachtkühle rückt die Dinge wieder gerade, stellt uns vom Kopf zurück auf die Füße und verpasst uns einen Kinnhaken – kein Wunder, dass einem bei dieser Behandlung schwindelt. Da, denkt man, war hier draußen die ganze Zeit Klarheit und Sauerstoff, während ich mich drinnen in einen Zustand völliger Behumpsung begeben habe und zwar vorsätzlich und in Tateinheit mit dummem Gerede. Und um den schmerzhaften Augenblick dieser Erkenntnis nicht zu lange dauern zu lassen, macht man mit dem dummen Gerede einfach weiter und erfindet den Frischluftschock. Eine praktische Sache, die so tut, als wäre Frischluft etwas Widernatürliches, das uns angreift und an dessen Gebrauch man sich erst mal gewöhnen muss. Besonders engagierte Kneipengänger dürften auch bald den Befund einer Frischluftintoleranz für sich entdecken. Sie werden dann vor der Tür sagen: »Ah Mist, ist da etwa Frischluft bei? Du ehrlich, ich vertrage es einfach nicht«, sich dabei so vielsagend an den Bauch greifen, wie die Menschen in der Darmmedikamentewerbung und wieder an die Theke zurückkehren.

Im Grunde sollte man diese Taktik ruhig noch ausweiten, auf andere grundgute, aber bisweilen moralisch lästige Vorkommnisse. Wie wäre es zum Beispiel mit einer »Ehrlichen Arbeit«-Intoleranz? Oder einem Sportschock, der einen leider nach den ersten Langlaufmetern zum Aufhören zwingt? Einer Gute-Laune-Unverträglichkeit möchte ich sofort anheimfallen. Sie würde mich dazu befähigen, in all die Strahlgesichter um mich herum zu sagen: »Boah, voll der Grinseschock!«, bevor ich ohnmächtig mit dem Kopf in ihre Biokürbissuppe falle.

»Den Film habe ich im Flugzeug gesehen«

 In meiner Wahrnehmung hat dieser Satz in den letzten 15 Jahren ein wenig Glanz eingebüßt. Vielleicht ist das aber auch nur, weil mich als Knabe noch die Vorstellung, dass Bildschirme an anderen Orten als in Wohnzimmern installiert sein könnten, luxusmäßig total abgehen ließ. Bildschirme im Auto, in Hotelbadezimmern und eben Flugzeugen reichten mir damals vollkommen als Beweis dafür, dass Erwachsene die Krone der Schöpfung waren.

Heute aber, wo jeder seine Filme in der Hosentasche rumträgt (bald wird es nicht mal mehr Hosen geben!) und sogar Angelrollen Displays haben, ist das Filmgucken im Flugzeug nichts Besonderes mehr.

Umso erstaunlicher, dass immer noch jeder gerne diesen Hauptsatz benutzt. Man sagt ja nie: »Diesen Film habe ich bei meiner Tante gesehen, den kenne ich vom Fernsehen und den hier aus dem Flugzeug.« Nein, alle anderen Filme kennt man einfach so – nur die aus dem Flugzeug verdienen ein Herkunftssiegel. Warum?

Zum einen ist es ein Statusreflexsätzchen, in etwa derselben armseligen Güteklasse wie:»Ich war gestern bei meiner Bank und bei meinem Bäcker.« Zum anderen sagt man – das vermute ich – den Satz quasi als Entschuldigung, weil das Filmgucken im Flieger ein ganz anderes ist als im Kino. Sobald ich jedenfalls mit einem Bord-Entertainment-Programm konfrontiert werde, fällt mir die Maske des zurückhaltenden Bonvivants vom Gesicht, die ich am Boden so vorteilhaft zu tragen verstehe. Noch vor dem Start habe ich mir ein Menü mit 24 Filmen zusammengestellt und bin fest entschlossen, diese hintereinander auf dem 10-Zoll-Bildschirm anzusehen, auch wenn ich dafür im Hangar übernachten müsste. Was für eine Chance! Endlich all die cineastischen Lücken ausbügeln zu können, die das Leben so hinterlassen hat. Endlich die amerikanischen Blockbuster zischen, in die man wegen des guten Geschmacks daheim keinen Fuß gesetzt hätte. Kann die verdammte Welt nicht größer sein oder das Flugzeug langsamer fliegen?

Wenn der Platz neben mir unbesetzt ist, versuche ich ein Double-Feature: Zwei Filme gleichzeitig, im besten Fall Original und Fortsetzung. Ich verliere in dieser Situation zuverlässig die Achtung vor der Arbeit der Spielfilmregisseure, weil ich die Früchte ihrer jahrelangen Arbeit runterschlinge, wie ich die ersten 22 Gummibärchen einer Gummibärchentüte runterschlinge – ohne auf den Geschmack und die Farbe zu achten. Deswegen ist das Filmerlebnis im Flugzeug auch einigermaßen verhuscht. Die Drehbücher gehen nahtlos ineinander über, die gefühligen Happy Ends sind nur zeitraubende Durststrecken zwischen den jeweiligen Höhepunkten: Roboterkämpfe, Verfolgungsjagden, hupende Hubschrauber – mein Kopf fühlt sich an wie ein Wertstoffhof in Hollywood.

Wenn der Sinkflug einsetzt, ist mir jedes Mal, als hätte ich in einem Restaurant alle Hauptspeisen hintereinander gegessen. Plus Beilagen. Aber das wollte ich auch schon immer mal machen.

»Da tut sich gerade unheimlich viel!«

 Ein schöner, hoffnungsvoller Satz ist das. Meistens weiß zwar keiner der Beteiligten, was genau sich »da« so unheimlich viel tut, aber es ist ja sehr beruhigend, dass es überhaupt irgendwo tutet. Unheimlich viel tut sich zum Beispiel oft im Osten, sei es nur in den östlichen Stadtteilen oder aber gleich in Polen und Litauen. Von dort kommen die Abenteuerlustigen zurück und reißen die Augen zu dicken Glotzmonden auf. »Da tut sich gerade so viel!«, schreien sie und wackeln vieldeutig mit ihren schönen Körpern. Als Beglotzter bleibt einem nichts, als staungläubig zu nicken. Man sieht, jaja, es schon so etwa vor sich, im internen Hirn. Wie also Baggerkolonnen in Vilnius einrücken, gefolgt von riesigen bunten Clownsparaden, und überall gibt es kostenlos Bananen.

Wenn man aber nachfragt, was genau sich so unheimlich viel tut, stellt sich oft heraus, dass die Reisebienen nur in einem »ultranetten« Café gesessen waren. Und dabei jemanden beobachtet haben, der »sehr stylish« angezogen war und der ein selbstgemaltes Plakat aufgehängt hat, welches über ein baldig stattfindendes Konzert einer Band namens »The Kanonenbrot« informierte. Eine derlei gemütvolle Straßenszene reicht locker aus, um genau jene ewige Hoffnung der Reisenden zu bestätigen, die sie ständig in abseitige Städte fahren lässt. Dass sich nämlich dort gerade unheimlich viel tue und sie die Ersten sind, die es der restlichen Welt mitteilen können. Auslachen würde man ja den, der proklamiert, in London tue sich gerade unheimlich viel oder in der Fußball-Champions-League. Wer die Behauptung aber mit Blick auf die Westausläufer der Karawanken aufstellt, dem bleibt sie meistens unwidersprochen.

Unheimlich viel tut sich auch, wenn junge Eltern über die Leistungszuwächse ihrer Neugeborenen berichten. »Wenn er dann so zuguckt, wie ich den Kofferraum zumache, dann merkt man, wie sich da ganz viel tut, bei ihm.« Es ist schön für den Kofferraum, dass er so etwas auslösen kann, nach all den Jahren schlichter Zuklapperei. Aber der unmotorisierte Zuhörer ahnt auch in diesem Fall wieder nur sehr vage, wie genau man sich das unheimlich viel Getane im Kind vorzustellen hat. Da blubbert und rotzt es doch immer gleich durch die Synapsen.

Manche nutzen die Verschleierungsqualitäten dieses Hauptsatzes auch absichtlich, um sich vor echten Informationen zu drücken. Wenn ein Firmensprecher beteuert, in dieser und jener Abteilung tue sich gerade unheimlich viel, dann kann man davon ausgehen, dass entweder gar nichts Nennenswertes geschieht oder aber der ganze Laden bald im bodenlosen Chaos und grässlichsten Durcheinander versinken wird. Bei diesen Zuständen tut sich nämlich auch immer unheimlich viel.

»Ich gewinne ja eh nie was!«

So depri wie Faust bin ich nicht. Also von wegen Dasein eine Last, Tod erwünscht, Leben verhasst etc., nein, so schlimm ist es nicht. Aber wäre ich ein Bier, wäre ich wohl eher eine naturtrübe Sorte. Wäre Faust ein Bier, dann wäre er eine sehr dunkle, naturtrübe Sorte. Die Zivilisation hält aber auch für Aushilfsenthusiasten wie Faust und mich Doping bereit, und zwar in Form von bunten Losbuden, Lotterien und Tombolas. Dort könnte theoretisch jeder was gewinnen, praktisch gewinnt immer ein anderer. Ich gewinne nie etwas, das stimmt und stimmt nicht – wie es bei allen, die den Hauptsatz sagen, immer ein bisschen auch nicht stimmt. Natürlich habe ich schon mal etwas gewonnen, schließlich hat irgendein besonders aufrichtiger Menschenfreund mal das Prinzip »Jedes Los gewinnt« eingeführt. Dabei bekomme ich aber stets einen Gewinn, den als toll zu empfinden große Mengen positiver Energie verbrauchen würde. Da es damit aber, wie gesagt, bei mir knapp aussieht, sind diese gewonnenen Schlüsselanhänger und die kaltgeschäumten Sitzquadrate, die ich auf Freiluftkonzerten unter meinen Hintern schieben soll, in meiner Wahrnehmung das Gegenteil von Gewinn. Bei dem Wort kaltgeschäumt fällt mir ein, dass ich jetzt mal ganz kurz die Matratzenhersteller um etwas bitten möchte: Kaltgeschäumte Matratzen sind ja wirklich toll und überall für großes Geld zu kaufen. Aber wären im Winter nicht warmgeschäumte Matratzen schlauer? Ich brauche jedenfalls abends ewig, um die eiskalte Matratze selber warmzuschäumen. Und die sogenannte »Winterseite«, die meine Matratze heute anbietet, ist nichts anderes als, ja genau, die Rückseite, ihr Schlauberger!

Zurück zum Gewinn. Jedes Mal, wenn die *Bild*-Schlagzeile das Wort »Super-Jackpot« beinhaltet, denke ich sehr stark darüber nach, wie es wäre, wenn ich den Super-Jackpot gewinnen würde. Das machen in diesen Tagen viele Menschen, deswegen herrscht im Bus dann stets ein rundum angenehmes Millionärsvorglühen. Ich stelle mir also vor, wie ich online zur Internetbank spaziere und hoppla, da sind ja 24 Millionen auf dem Girokonto. Ich drehe nicht durch, natürlich, sondern empfinde eine wieselartige Spießerfreude und sage niemandem was. Kaufe nur für alle überaus großzügige Geschenke, zum Beispiel Feuchttücher aus Gold. Diese ersten Einkäufe mit Super-Jackpot kann ich mir eine ganze Busfahrt lang detailliert ausdenken. Aber leider sind sie allesamt sehr ordinär. Sie lassen sich ungefähr mit: Haus, zweites Haus, Auto mit Servolenkung, 12 Wochen Hotelurlaub und Kleinzeug von Harrods zusammenfassen. Mir graut vor mir, so ein durchschnittlicher Reicher wäre ich. Da bin ich als Armer viel interessanter. Deswegen spiele ich dann doch nie Lotto, ich gewinne ja auch eh nie was. Meine Mutter hatte allerdings mal einen »Vierer«, da war sie mit mir schwanger und hat sich sehr gefreut. Ob ich als Reaktion darauf naturtrüb wurde? Was hatte dann Fausts Mutter im Lotto? Einen »Fünfer«?

»Kann man das Wasser hier trinken?«

 Wenn einem nix einfällt, kann man mit fremden Menschen immer noch über Leitungswasser reden. Jeder kennt doch mindestens eine Stadt, in der das Leitungswasser eklig schmeckt und dann fällt das Wort »Chlor«, und alle winken angewidert ab – gemeinsames Anwidern schafft tolle Gruppenatmo. Als Münchner werde ich von den anderen Leitungswassertrinkern beneidet, denn das Münchner Wasser gilt als geil rein. Das stimmt. Ich trinke es mit Begeisterung und muss nur einmal im Jahr zu »meinem« Steinbruch gehen, um mir die Kalkablagerungen rausmeißeln zu lassen.

Die restliche Zeit ist das Münchner Wasser super: bei bierbasierten Kopfschmerzen hilft nichts besser, Semmelknödel zerfallen darin niemals, und beim Duschen säubert es ganz vorzüglich und riecht leicht nach Bergwald. Derart verwöhnt überkommt mich vor Wasserhähnen in anderen Städten eine Beklemmung, und ich benütze den Hauptsatz mit Betonung auf »hier«. Natürlich gibt daraufhin kein Hahnbesitzer zu, dass man die Brackbrühe in seiner Stadt nicht trinken kann. Nur kleinlaut wird gestanden, dass es für Babynahrung »nicht sooo geeignet« wäre. Aber wer nährt sein Baby schon mit Leitungswasser?

Dafür hat es, München hin, Reinheit her, noch einen zu schlechten Leumund. Die Menschen kippen in alles, was ihnen teuer ist – also in Espressomaschinen und frische Kinder – lieber französisches Wasser aus Plastikflaschen. Ich glaube, die Ablehnung des Leitungswassers in wichtigen Situationen liegt an seinem Namen. Wer Leitungswasser sagt, müsste im Gegenzug auch Flaschenwasser sagen. Oder Schlachthoffleisch. Oder Geburtskanalkind. Aber nur dem Leitungswasser haftet seine Herkunft als Makel an. Wer in der Kneipe zum Wein Leitungswasser bestellt, für den werden garantiert nicht die Lampions im Garten angezündet. Ich bin deshalb dafür, Leitungswasser in Hauswasser umzunennen. Das klingt nach regionalem Produkt, und was so klingt, wird gern genommen.

Eher im privaten Bereich liegt ein anderes Problem: Ich kann das Hauswasser nur aus dem Küchenhahn trinken. Niemals würde ich jenes aus dem Hahn trinken, der zum Waschbecken in der Toilette gehört. Das Wasser am Waschtisch im Bad nehme ich nur zum Zähneputzen – schreckliche Vorstellung, es in die Trinkkaraffe laufen zu lassen. Ich müsste bei jedem Schluck an Colgate denken, beim Klobeckenwasser an Schlimmeres. Und wenn mir einer erzählt, dass er schon mal Babynahrung mit Klowaschbeckenwasser zubereitet hat, dann nehme ich sofort Reißaus.

»Die sind doch auch schon ewig zusammen!«

Im Sprechunterricht lernt man die Wortendung -ig wie -ich auszusprechen. Innich, prollich, drollich. Klingt länger, und die Stimme kann wie in Hausschuhen über die letzte Silbe huscheln. Bei diesem Hauptsatz ist es wichtig, das »ewig« spandexmäßig zu dehnen, in ein »ehhhh-wiiich«. Je länger sich das »ewig« zieht, desto länger ist das Paar zusammen. Ist das betreffende Duo nicht anwesend, enthält der Satz einen Teelöffel Abfälligkeit und einen Spritzer Häme. Meist, weil es für die Pärchenlogistiker, die da Bestandsaufnahme machen, so langweilig ist, dass sich bei Heike und Jan seit Jahren nix tut. Der Paarmodus ist die Sackgasse für Tratschweiber, einmal erlangt, gibt er kaum was her.

Schlendert man selber als ewiges Paar durch den Alltag, dann bekommt man die direkte Version vors Kontor geknallt: »Ihr seid doch auch schon ewig zusammen!« Statt Abfälligkeit gibt es dazu ein schlecht gespieltes Staunen, das immer wirkt, als würde gleich die Jahreszahl 1897 fallen. Das ewige Paar reagiert, indem es die ewigen Hände des Premiumpartners drückt und eine Schmiegechoreographie aufführt. Dazu gurrt es: »Jaja, schrecklich lange, neulich haben wir noch gedacht, sind das echt schon acht Jahre, er hat's gar nicht glauben können, gell?!« Dazu wird auf »ihn« gezeigt, und alle Beteiligten kichern wie die Enten. Das Paar fühlt sich in diesem Moment very special, und die konstatierenden Singles winken mental müde ab.

Verzwickter wird es, wenn ein stadtbekanntes ewiges Paar bei einer Party auf ein anderes trifft. Dann wird der gleiche Hauptsatz gesprochen, aber nicht mit Betonung auf »ewig«, sondern auf »auch«. Ewige Paare versuchen sich vordergründig zu solidarisieren, in der gleichen Art wie sich Mütter bei Kinderkrankheiten solidarisieren: »Pocken, Mumps und Masern, alles gehabt, jaja, total verschleimt, frag' nicht!« Bei den ewigen Paaren heißt das: »Fernbeziehung, Krise, gemeinsame Wohnung, jaja, alles gehabt, total verschleimt, frag' nicht, er bringt's immer durcheinander.« Dabei wird wieder auf »ihn« gezeigt und alle lachen wie die Enten. Während diese Show abläuft, taxieren sich die beiden ewigen Paare: Sehen die anderen schon wie ein Sofa-Pro7-ausgeleierter-Gummizug-Paar aus? Hat deren doofe Liebe nicht schon deutliche Gebrauchsspuren? Letztere zu verschleiern, werfen sich beide Paare ins Zeug, knutschen wie die jungen Birken oder tanzen pornographisch auf dem Kühlschrank. Es tut einer Party gut, wenn ewige Paare aufeinandertreffen. Sobald ein Paar geheiratet hat, hört es den Hauptsatz nie wieder. Die Ehe ist auf Ewigkeit angelegt, einem verheirateten Paar zu bestätigen, dass es ewige acht Jahre zusammen ist, gilt deswegen als unschick. Es wäre genauso, wie zu einem faltigen Menschen zu sagen: »Du lebst doch auch schon ewig, oder?«

»Im Supermarkt gibt's echt jetzt schon Lebkuchen!«

Dieser Satz hat gerade Hauptsaison. Aufrichtige Menschen aller Altersklassen benutzen ihn mit einer Deluxe-Empörung. Aber was pört da eigentlich? Die Tatsache, dass unsere Supermärkte Waren feilbieten, ohne sie vorher auf Traditionspassform und saisonales Bauchgefühl der Kunden untersucht zu haben? Wen das noch empört, der muss sein bisheriges Leben in einem kleinen Kuschelkästchen auf dem Schrank verbracht haben. Stört es die Lebkuchensympathisanten, wenn im September noch Erdbeeren und im März Äpfel verkauft werden? Nö! Nur von Spekulatius praecox fühlen sie sich in ihrer inneren Weihnachtsuhr gegängelt.

Die Menschen möchten das Korinthenzeug erst dann sehen, wenn zumindest kachelmanntechnisch denkbar wäre, dass es schneit, sobald sie mit der Lebkuchenpackung aus dem Supermarkt kommen. Das ist nämlich ein romantischer Moment, genau wie es auch ein romantischer Moment ist, wenn einem die Kassiererin im Kino ungefragt einen Pärchensitz anbietet. Also, wenn man als Pärchen angereist ist. Wenn sie einem den Sitz anbietet, obwohl man alleine ins Kino gegangen ist, etwa weil sich alle anderen den Film »Antichrist« nicht »antun« wollen, dann sollte man vermutlich eine Diät anfangen. Aber bloß nicht mit verfrühten Lebkuchen! Denn die stammen, wie man weiß, aus Treibhäusern in Holland und schmecken nur nach Wasser. Holländische Treibhäuser wurden mir in meiner Kindheit als die schlimmsten Orte der Welt erklärt. Unsägliches geschehe dort mit Gurken und Tomaten und am Ende schmeckten sie nach nichts, sagten die Erwachsenen. Ich fand das insgeheim immer noch besser, als wenn sie nach Pisse geschmeckt hätten oder sonstwie schlecht, hielt aber meinen Mund. Von dieser trainierten Abneigung jedenfalls zehre ich heute noch, sie hat sich sogar auf das gesamte Holland und Teile Belgiens ausgeweitet. Dabei habe ich noch nie holländische Treibhäuser gesehen. Vielleicht sind sie ganz hübsch, mit Grachten und damenradfahrenden Damen davor. Spanische und italienische Treibhäuser habe ich schon gesehen, beziehungsweise bin daran vorbeigebraust, in einer landestypischen Brausevorrichtung. Die sehen nicht gut aus, diese südländischen Treibhäuser, sondern schmutzig und formaldehydhaft und kein bisschen archaisch. Archaisch ist das Wort, das in allen Architekturzeitschriften steht, wenn ein modernes Bauwerk romantisch beschrieben werden soll.

Obwohl also auch andere ausländische Treibhäuser keine Zier sind, weise ich nur holländische Tomaten von mir. Italienische und spanische lasse ich mir gefallen, genau wie sich Lebkuchenfreunde Ende November Lebkuchen gefallen lassen. Was ich sagen will: Wir sind saubigotte Konsumenten. Wegen uns müsste der Supermarkt in Doofmarkt umbenannt werden.

»Ich merke beim Kiffen gar nix, ich werde da nur müde«

 Über Weniges habe ich in meinem Jugendzimmer so stark nachgedacht wie über die eventuelle Wirkung von Drogen auf mein höchsteigenes Ich. Vermutlich geht das heutigen Jugendzimmerbesitzern auch noch so. Das kommt daher, dass das Ich dort ja meistens nicht einer Zirkusparty ähnelt, sondern eher so ein schlapper Zellhaufen mit Wachstumsschmerzen ist. Denken an Drogen stellt in dieser Phase den Zubringer auf eine Autobahn dar, die weg vom Naturtrüben und hin ins Grelle führt. Man hat gewissermaßen Visionen von den Visionen, die man haben könnte, wenn Mama nicht Tee und Dörrfruchtschnitten bringen würde, sondern TEE und LSD. Macht Mama aber nicht, und das ist gut so, denn deswegen überlebt man die naturtrübe Phase und findet sich wenig später in einem neuen Level wieder, in dem das Denken an Drogen schon an Fahrt verloren hat.

So bleibt einem Großteil der entwachsenen Menschheit bei dem Wort »Drogen« nichts anderes übrig, als an das bisschen Fummeln mit Haschisch zurückzudenken, und wiederum die Hälfte denkt dabei etwas angespannt den Hauptsatz. Denn bei aller Lässigkeit, die man im Umgang mit dem Zeug angeblich an den Tag legen sollte – eine Runde von Amateurkiffern war doch oft ein leicht verkrampftes Meeting von Allzubereiten. In Ermangelung anderer Drogen setzten sie ihre wilden Visionshoffnungen in die paar Züge an der Sportzigarette. Dass diese es aber weder vermochte, die Kandidaten in opalisierende Traumwelten zu befördern, noch sie in eine Dose Sprühsahne zu verwandeln, hatte man vor lauter Vorfreude großzügig ausgeblendet. Befeuert wurde diese Vorfreude auch durch die stets kursierende Geschichte, dass irgendwer aus der näheren Bekanntschaft »darauf« hängengeblieben sei und jetzt sein Dasein als Türknauf an der Pforte der Wahrnehmung friste. Saukrass, jawohl!

Derlei Abenteuer stellten sich aber nie ein, sosehr man sich auch bemühte und sogar versuchsweise die Augen zumachte. Wenn man sie öffnete, waren all die Stefans und Floriane noch genauso anwesend, die Sprite-Flasche stand immer noch in der Mitte, und das Naturtrübe war nur unwesentlich lustiger geworden. »Merkst du schon was?« – »Bisschen.« Ein gewisser Druck entstand spätestens jetzt, weil man das Gefühl hatte, alle anderen würden schon doll in Richtung eines mentalen Discofox' abdriften, während man selber noch in Tennissocken auf der Stelle trat. Hatte man am Ende etwas falsch gemacht? Wäre ja oberpeinlich. Also begann man versuchsweise zu summen und guckte möglichst dämlich aufs Wandregal – die anderen sollten denken, dass sich schon erste Debilitätserfolge einstellten. Sie machten es genauso, die ganze Runde war angestrengt dabei, high zu wirken. Das ging meist so lange, bis einer den Stress nicht mehr aushielt und den mitgebrachten Schlafsack seiner Bestimmung zuführte. Die anderen nahmen dieses Verhalten dankbar als handfesten Beweis für das Vorhandensein halluzinogener Kräfte und klatschten sich gegenseitig ab. Man sprach dann noch ein bisschen darüber, ob es eigentlich Drogenhöhle oder Drogenhölle heißt und sank, gelegentlich kichernd, in einen völlig banalen Schlaf. Am nächsten Tag fühlte man sich wie eine Dörrfruchtschnitte und freute sich deswegen sehr über Mamas Tee.

»Ich hab irgendwie noch gar kein' Hunger«

Ich bin, wie jeder Mensch, ein Import/Export-Händler in eigener Sache. Ich importiere Schnitzel, Marmeladebrote und schluckweise Bier und exportiere alles wieder, wenn die Zeit gekommen ist. Das ist ein hübsch florierendes Unternehmen, darmflorierend könnte man sogar sagen, wenn man zu viel Joghurtwerbung gesehen hat.

Nun, vor allem beim Import bin ich recht flexibel. Mal importiere ich im Stehen, mal beim Autofahren und sehr gerne auch in eigens zu diesem Zweck eingerichteten Etablissements. Wenn man älter wird, trifft man sich ja nicht mehr wie früher hinterm Schuppen vom Pulverbauer, sondern man geht ganz selbstverständlich abends zum Essen. Fast immer soll es dann nur eine sogenannte Kleinigkeit sein. Bedauernswert selten verabredet man sich mit den Worten: »Ich möchte gerne bergeweise Brät bunkern, heute Abend!« Da die meisten Abendkarten der Restaurants auf Kleinigkeiten aber nicht spezialisiert und die Wirte Kleinigkeiten begehrenden Gästen nicht gesonnen sind, kommt es nie dazu. Stattdessen isst man nach erwachsener Art: Vorspeise (gemeinsam), Hauptspeise (getrennt), Dessert (nach anfänglichem Widerstand).

Ins gleiche Themencluster wie die »Kleinigkeit« gehört die überrascht vorgetragene Mitteilung, dass man irgendwie noch gar keinen Hunger habe. Der Hauptsatz ist korrekterweise genau in dem Moment auszusprechen, in dem man mit beiden Händen flach auf die Tischplatte patscht, um zu demonstrieren, dass diese fürchterlich wackelt. Das ist auch sehr kurios: Nahezu alle Gasthaustische wackeln. Gut, denkt man, das ist, weil der Herrgott die Erde mit dem Teigschaber nach Feierabend ungenau hingespachtelt hat. Macht ja auch nichts, denn man ist zwar irgendwie noch ohne Hunger, aber doch mit praktischem Verstand angereist. Also begibt man sich sogleich à deux oder auch mal im Rudel unter den wackelnden Tisch. Dort wird die Unebenheit unter Zuhilfenahme von Bierdeckeln, Servietten und alten Pfannkuchen aufgefüllt und behoben. Das machen jedenfalls die meisten Menschen, die ich kenne und zwar beinahe schon reflexartig. Man muss nun kein mit seiner Arbeit verheirateter Stochastiker sein, um festzustellen, dass es also rein statistisch keine wackelnden Tische mehr geben dürfte. Alle müssten doch längst irgendwann von Gästehand geflickt worden sein. Stattdessen aber erlebe ich jeden zweiten Abend: NurneKleinigkeit! IrgendwienochkeinHunger! Wackeltisch!

Ich muss annehmen, dass die Wirte die kunstvollen Stopfwerke ihrer Gäste allabendlich entfernen, wenn sie mit Geldzählen fertig sind. Der Grund liegt auf der Hand: Das Entstörungsmanöver am Tischbein lenkt Gäste von ihrem gezierten Nichthunger ab. Wer aus den Niederungen eines Tisches auftaucht, hat nicht nur Selleriestaub im Haar, nein, er fühlt sich auch ausgepowert und ist endlich bereit zu massiven Importgeschäften in eigener Sache.

»Ich sitze ja eh den ganzen Tag«

 Neulich war ich mal beim Arzt. Weil das Vorfallenlassen von Bandscheiben in meinem Bekanntenkreis zum Hobby geworden ist. Und weil ich zuletzt beim Arzt war, als der Komet Hale Bopp an der Erde vorbeiraste; damals ging es um Zeckenimpfung. Obwohl so ein Arztbesuch ein sehr altmodischer Vorgang ist und seit hundert Jahren gleich abläuft, kannte ich mich nicht besonders gut aus. Allein das Prinzip Sprechstunde! Man sitzt mit vierzehn gutgelaunten Rentnern im Wartezimmer vor einem Miro-Druck. Dauernd kommen neue Alte rein, die offenbar kurz davor sind, die herbe Arzthelferin zu adoptieren, so vertraulich sind sie jedenfalls mit ihr. Die schlimmsten Sachen tauschen die Alten dann im Wartezimmer miteinander aus, vorrangig geht es um die Ärzte, die zu besuchen ihnen leider unmöglich gemacht wird, weil es hier schon so lange dauert. Wer einen Arzt kennt, den die anderen nicht kennen, hat

hundert Punkte. Für Menschen mit Geburtsjahr nach 1950 hat die Stammbesatzung nur verächtliches Asthmahusten übrig. Die herbe Arzthelferin tut die ganze Zeit so, als würde sie nicht mitten im Wartezimmer arbeiten, sondern ganz woanders, vielleicht in einer interessanten Firmenzentrale in JuJork.

Alle Viertelstunden geht die kleine Tür auf und ein glatziger Mann mit gelbem Pulli und Kordhose schiebt einen Menschen heraus. Der Herausschiebende ist der Doktor. Wenn der Doktor rauskommt, dann setzt sich die geriatrische Stammbesetzung aufrecht hin, manche heben auch leere Tablettenstreifen hoch, um zu zeigen, wie brav sie alles gegessen haben. Der Doktor nickt mit unendlicher Güte in die Runde und verschwindet wieder. Dieses Hin und Her dauert etwa zwei Stunden. In diesen zwei Stunden kann niemand sagen, wie lange es noch dauern wird, aber es interessiert auch niemanden, nur mich.

Irgendwann, es dunkelt schon, sagt der Arzt meinen Namen, und ich darf hinein in das, was ich mir die ganze Zeit in den wildesten Klinikfarben ausgemalt hatte. Es ist dann aber eher, als würde ich ein Wohnzimmer betreten, mit Holzschreibtisch und Sitzgruppe. Nur eine Liege und eine Schale mit Pflaster und Schere gibt es, und irgendwo steht ein Lufterfrischer mit patentiertem Jodgeruch. Der Herr Doktor ist, von Nahem besehen, noch viel unendlicher und gütiger und gebräunter, als ich dachte. Ich sage: »Ich wollte mich mal durchchecken lassen.« Er nickt. Nichts passiert. Ich sage: »Genau.« Er sieht mich gütig, aber auch doktormäßig an. Dann fragt er sitzend: »Üben Sie eine vorwiegend sitzende Tätigkeit aus?« – »Ja.« Daraufhin nickt er vielsagend und seufzt, aber noch nicht so, dass ich mir Sorgen machen muss. Es ist eher ein Seufzen wie ein erhobener Zeigefinger. Dann muss ich mich im Profil vor ihn hinstellen, dann tief einatmen, dann sagen, ob mir sonst was wehtut. »Nö.« Er schreibt in meine Akte und steht auf. »Passen Sie auf Ihren Rücken auf, machen Sie Ausgleichssport! Was sind Sie von Beruf?« Beruf, alles so altmodisch, herrlich! »Journalist.« Er sieht eine Spur sorgenvoller aus. »Passen Sie auf Ihre Leber auf.« Ich nicke, die Leber krampft leise. Dann werde ich hinausgeschoben, in das Zimmer mit den Rentnern, die den ganzen Tag in vorwiegend sitzender Tätigkeit verbracht haben. Der Doktor gibt mir kräftig die Hand. »Herr Scharnigg, haben Sie schon mal über Zeckenimpfung nachgedacht?« Ich so superschlagfertig: »Wieso, kommt wieder ein Komet?«

»Muss ich da irgendwas vorwählen?«

Wir werden in Sachen Alltagselektronik immer bequemer. Stehen im Hotel vor einem Fernsehgerät und fragen künstlich genervt: »Muss ich da was drücken?« Stehen mit wedelnden Händen vor einer Zimmerpalme und fragen müde: »Muss ich da irgendwo meine Hand vorhalten, damit's was macht?« Und wenn auf der Flughafentoilette kein Wasser aus der Wand kommt, obwohl wir gewedelt und gedrückt haben, ist das Ding eben Schrott. Die blöden Touchscreenschalter und Infrarotsensoren haben uns kaputtgemacht, genau wie teures Katzenfutter die verdammten Katzen kaputtmacht. Wir können nicht mehr ohne und werden immer einfältiger. Ich kaufe manche Geräte nur noch deswegen, weil sie in der Lage sind, sich drahtlos mit meinem Computer zu synchronisieren. Egal, was es ist, Pfeifendeckel, Käseglocke, Kaiserschnitt – wenn es sich nach dem Auspacken mit meinem Computer synchronisiert, muss ich es haben.

Früher herrschte allgemein noch mehr Hochachtung vor Kleinelektro. Es gab etwa jahrzehntelang eine kollektive Ehrfurcht vor der Programmierung des Videogeräts, manche Familien mussten sogar Spezialjugendliche für diesen Job anheuern. Wenn man damals als Bundespräsident in einer Talkshow sagte, dass man zu dumm wäre, den Videorekorder zu programmieren, brachte das hohe Sympathiewerte ein. Horst Köhler wäre zwar noch ein ausgezeichneter Kandidat für den Videorekordersatz gewesen, aber er hütete sich, dergleichen zu erzählen – weil dann gleich noch elf Menschen mehr die Piratenpartei wählen würden. Unter Pflichteinsatz des Wortes »Kauderwelsch« wurde einst auch stolz erklärt, dass man eine Bedienungsanleitung nicht kapiert. Dieses Problem stellt sich heute nicht mehr, da die Geräte überwiegend nur einen einzigen Knopf haben und die Anleitung dafür im Internet steht, wo sie niemand vorher liest. Deswegen dürfte das Nichtverstehen von Bedienungsanleitungen bald genauso ausgestorben sein wie alle Tiere und Pflanzen. Die gutbürgerliche Fassade des Nixkapierens ist auch saumäßig zerbröckelt. Heute bedient man lieber intuitiv, als zuzugeben, dass man sich nicht auskennt. Statt einer Kluft zwischen Kenntnis und Nichtkenntnis herrscht eine Grauzone des Irgendwie-Anschaltens. Wenn sich nichts tut beziehungsweise nix tutet, gibt es Sätze, die das Nichtbeherrschen übertünchen. »Muss man da irgendwas vorwählen?«, sagt man zum Telefon, das nicht telefoniert. »Ist der Toner leer?«, zum Drucker, der nicht druckt. »Muss ich Cache leeren und Cookies löschen?«, ist die Universalfrage an einen lahmenden Computer. Wir können froh sein, dass die Maschinen bis jetzt noch nicht direkt antworten: »Nix vorwählen, Depp, wie wär's mit Tastensperre entsichern?« Wenn es mal soweit ist, ist eine genervte Roboterarmee nicht mehr fern, die uns dann – auf Knopfdruck – zermantscht.

»Sieht irgendwie zu aus«

 Ich würde ja gerne schreiben, dass wir Wespen sind. Aber das stimmt nicht. Was dagegen stimmt, ist, dass wir Webwesen sind. Webwesen sind alle, die schon mal eine schwache Sekunde lang darüber nachgedacht haben, ob man mit einem iPhone vielleicht auch verhüten könnte. Als Webwesen können wir kichern über die Frage, die meine legendäre Tante Betty neulich gestellt hat: Ob das Internet auch am Wochenende geöffnet sei? Hihi.

So tantchenhaft ist die Frage aber eigentlich gar nicht, zumindest auf den zweiten Klang. Erstens gibt es schon Großtelefone, die mit einem Weekend-Modus ausgestattet sind, in dem dann das Internet tatsächlich zu hat. Und zweitens verwette ich meinen antiken AOL-Account darauf, dass es in wenigen Jahren eine Elternbewegung geben wird, die sich für einen internetfreien Tag pro Woche einsetzt. Slogan: Willst du Ruh', mach den Browser zu!

Besagte Tante Betty bricht also noch überwiegend analog durchs Gehölz und kennt sich hervorragend mit Ladenöffnungszeiten aus – ein Wissen, das bei vielen meiner Altersgenossen verkümmert ist. Die planen ihre Wocheneinkäufe samstags ab 18 Uhr und benutzen irritiert den Hauptsatz, wenn sie gegen halb neun vor der Bäckerei eintrudeln. »Ist doch nicht Langer Samstag!«, würde Tante Betty ihnen zurufen und hätte längst alles eingekauft.

»Sieht irgendwie zu aus« ist aber eigentlich auch immer der Auftakt für einen verkorksten Tag. Mein halbes Leben besteht daraus, mich an Orte zu begeben, die mir andere Menschen empfohlen haben. Sie legen mir ständig Designmöbeloutlets, Geheimtippbiergärten, Originalbadeseen und nette Frühstückspensionen in der Camargue ans Herz. Je mehr ich mich auf den Besuch dieser Orte freue, desto zuer sind sie für gewöhnlich, wenn ich dort ankomme. Zwischen Vorabbegeisterung und dem überraschenden Zusein besteht meiner Erfahrung nach eine unheimliche Abhängigkeit. Örtlichkeiten, auf die ich mich nicht sehr freue, haben jedenfalls nie zu. Wer jetzt nicht weiter gelesen hat, weil er das Wort »zuer« nicht kennt oder es ablehnt, ist ganz schön versnobt. Die Beugung des Zustandsbeschreibungswörtchens »zu« hat auf der Straße doch längst pandemische, wenn nicht gar wurstbrotonische Zustände erreicht! »Wir haben eine offene und eine zue Marmelade« ist jedenfalls ein Satz, den ich sogar in meiner eigenen Küche schon angetroffen habe. Diese gewaltsamen Deklinationen von »zu« sind gleichzeitig schrecklich und charmant. Immerhin arbeiten dabei Zunge und Kopf Hand in Hand gegen den Duden!

Vor der zuen Frühstückspension in der Camargue rufe ich meiner festen Freundin also nicht nur den Hauptsatz zu, sondern im Zorn auch: »Die sieht ja noch viel zuer aus als die Geheimtipp-Vintage-Eisdiele von vorhin. Zuer als das hier geht's gar nicht!« Ich warte jetzt dringend noch auf die Einführung der Worte »am zusten« und

»superzu«. Mit Letzterem könnte man dann den sammelwürdigen Satz »Menno, der Superzoo hat superzu, siehste, deswegen bin ich ungern in Ungarn« sagen.

»Energiesparlampen machen irgendwie so kaltes Licht«

 Es gibt Empfindungen, die wahr sind, aber nicht mehr zum Herumposaunen taugen. Das gilt für die Unverträglichkeit von Energiesparlampen genauso wie für das Gutfinden der Jahreszeit Herbst. Ordinäres Gemeingut! Alle finden Energiesparlampen kalt und steril. Ich habe ein anderes Problem – ich finde, die EU fordert an der falschen Stelle den Fortschritt. Alte wie neue Birnen in alten wie neuen Lampen müssen immer noch und immer von mir installiert werden. Ich habe Berliner Bekannte, die zum Lampenaufhängen Elektriker ins Haus holen. Aber in Berlin kriegt man laut Erich Kästner auch Tausend Mark, wenn man sein Gehirn auf die Bank bringt.

Wenn ich eine Lampe installiere, so geschieht dies mit dem Physikwissen eines Anoraks. Ich weiß nichts mehr über die Eigenheiten von Wechselstrom, nicht mal warum er Wechselstrom und nicht

Kirschenstrom heißt. Die einzige Situation, bei der ich je in die Nähe einer Ohrfeige geriet, war, als ich meinem Vater nach dem Abitur testweise den Unterschied zwischen Volt und Kilowatt benennen sollte. Dessen ungeachtet werde ich im weiten Bekanntenkreis zur Lampeninstallation herangezogen, ja, ich darf mit Bescheidenheit sagen, dass ich in dieser Hinsicht einiges gelte. Vor jedem »Job« ziehe ich Winterstiefel an, da diese als Einzige über eine nennenswerte Gummidicke an der Sohle verfügen. Leider kann ich Nachfragen nach dem Sinn der Gummisohlen nicht beantworten, es ist eher ein Ritual. Sodann steige ich auf einen Tisch, um die Altbaudecke mit heraushängenden Kabeln zu erreichen. Dabei begleiten mich die guten Wünsche der zurückbleibenden Frauen und Kinder. An diesem Punkt erinnere ich mich an die Existenz von Sicherungen und gebe an die Unteren weiter, sie mögen selbige doch bitte entsichern. Das Gemeine ist, dass auch danach die Drähte ungemein tödlich aussehen. Deshalb bemühe ich mich, das Lüsterklemme genannte Plastikding, das ich als Beweis meiner Professionalität mehrfach laut bei seinem Namen nenne, so direkt auf den Draht zu setzen, dass ich ihn gar nicht berühren muss. Dabei wackle ich derart, dass die ameisenbeingroßen Schrauben der Klemme auf den Boden fallen und ich vor Schreck mit der Hand ins Kabel fasse. Auch ohne Stromschlag zucke ich jetzt so heftig zurück, dass alle Anwesenden denken, der Leibhaftige hätte bei mir angeklopft.

Ist alles beisammen, schraube ich ohne Regel Drähte in die Klemme und wurschtle alles unter den Lampenbecher. »Sicherung ein!« und siehe da: Die Birne brennt, das Volk applaudiert, ich unterschreibe Autogramme als Isaac Newton. Erst danach bricht Angstschweiß aus, und ich zittere im Gedenken an die verpassten Stromstöße. Kann die EU nicht einen Steckverschluss für Lampenkabel anordnen? Dafür würde ich kaltes Licht in Kauf nehmen. Das passt nämlich eh ganz gut zu meinen kalten Füßen.

»Wenn man erst mal drin ist, dann geht's«

 Hierbei handelt es sich um die EU-genormte Antwort auf die Frage »Ist das Wasser kalt?«, welche derzeit ununterbrochen an Landungsbrücken, Badestegen und sonstigen Uferbefestigungen gestellt wird. Unbedingter Bestandteil des Badens ist nämlich nun mal das Ins-Wasser-Hineinkommen.

Dieser Vorgang trennt die Geschlechter wie sonst fast gar nichts mehr in unserer gleichgeschlechtlichen Epoche. Die Schilfzonen der mir bekannten Seen sind jedenfalls ausschließlich von Damen aller Altersklassen bevölkert, die alle das Gleiche machen: im Badeanzug und leicht nach vorne buckelnd im knöcheltiefen Wasser stehen und dabei die Luft geräuschvoll durch geschlossene Zahnreihen ziehen. Das Geräusch, das dabei entsteht, ist eine Art Rückwärtszischen, welches mitteilen soll, dass die um die großen Zehen gischtende Gischt zu kalt ist. Aus diesem Grund wird nun der Stapellauf der Damen stark verzögert und sogar mehrmals komplett in Frage gestellt. In Tateinheit mit dem Zaudern schöpfen sich die Uferwassernixen mit der hohlen Hand Uferwasser auf Arme, Beine und Brust, nur um gleichzeitig unter dieser Spritzkur fürchterlich zu leiden.

Als mitbadender Mann ist man zu diesem Zeitpunkt längst an jenem Moment des Hin-und-Her-Schwimmens angekommen, an dem man aus Langeweile ein paar Züge auf dem Rücken macht. Da hört man das eisige Heulen und Wehklagen besonders gut und nähert sich deshalb wassertretend dem Spektakel wieder an, um dann den immer gleichen Dialog zu absolvieren.

Sie:»Du ich glaube, ich geh' nicht rein.«

Er:»Wenn man erst mal drin ist, dann geht's.«

Es folgen Ausführungen über die angebliche und die von ihr gefühlte (also tatsächliche) Wassertemperatur sowie ein männliches Plädoyer für schnelles Wassern. Denn schnell kopfüber rein, liebe frierenden Mädchen und Damen, ist wirklich viel weniger schlimm als dieses langsame Hineinschusseln, das ihr perfektioniert habt.

Das gute Zureden und wonnige Herumtollen der Männer nützt aber gar nichts, es erreicht nur, dass Fräulein Gänsehaut ein paar Schritte zurückweicht, um nicht mit fremdem Spritzwasser in Kontakt zu kommen. So lässt man es also schließlich mit der komischen Oper am Ufer bewenden und krault wieder Richtung Seemitte. Nach zwei weiteren Minuten vernimmt man von hinten ein ganz außerordentliches Platschprusten und Kampfstrampeln, begleitet diesmal von einem Vorwärtsauszischen der Luft. Noch ehe man den Kopf wenden kann, kommt Madame angeschwommen, als wäre es nichts. Im Vorübergleiten lässt sie vernehmen, dass es heute ja wirklich ziemlich warm wäre, dieses Wasser.

»Das ist wie Fahrradfahren, das verlernt man nicht«

Bevor wir uns diesem Hauptsatz zuwenden, muss ich mich noch über etwas anderes maßlos aufregen. Das Maßlosaufregen verlernt man nämlich auch nicht. Menschen, die keinen Schwips, sondern vielleicht ein Kind bekommen oder ihren Führerschein wiederkriegen wollen, fragen fortwährend: »Hast du auch was Anti-Alkoholisches da?« Sie sollen aber aufhören damit.

Ein anti-alkoholisches Getränk sind zwei Alka-Seltzer in lauwarmem Wasser. Das bekämpft den Alkohol. Eine Saftschorle oder eine Limo ist aber nur unalkoholisch, nichtalkoholisch oder alkoholfrei. »Dorle, das ist die mit der Schorle, ist jetzt voll die Anti-Alkoholikerin«, sagen die Menschen und zeigen auf Dorle. Das soll dann aber immer nur heißen, dass Dorle passiv keinen Alkohol zu sich nimmt, und nicht, dass sie aktiv durchs Land reist und missionarisch auf Säufer einwirkt und den Alkohol bekämpft, wie es die

171

schwarzgekleideten Menschen mit Kutsche in der einen »Michel aus Lönneberga«-Folge tun. (Übrigens eine blöde Episode – noch blöder ist nur die Folge mit der Alfredschen Blutvergiftung.)

So, jetzt aber rauf auf den Gelsattel und gekonnt rumrutschen. Fahrradfahren ist schließlich wie Fahrradfahren, das verlernt man nicht. Außerdem nicht zu verlernen sind laut Volksmund: schwimmen, skifahren, auf Hotelbetten hopsen, Sex machen, mit Schaltung Auto fahren, Mario Kart spielen, singen, Schlepplifte benutzen, Katzen lieben, heulen wie am Spieß und Salami aufschneiden.

Viel interessanter als diese ewigen Talente sind aber eigentlich die Sachen, die man sofort wieder verlernt. Ich kann mir zum Beispiel unmöglich merken, wie man die EC-Karte richtig in die Lesegeräte bei Tankstellen oder Kaufhauskassen schiebt. Egal, wie sehr ich mich dabei konzentriere, ich lande höchstens mal einen Zufallstreffer. In den restlichen Fällen muss die großmütterliche Kassiererin meine Hand nehmen, mit mir gemeinsam die Karte wieder rausziehen und es richtig machen. »Ist doch ganz einfach: Chip unten, Magnetstreifen rechts oben, zeigt ja auch die kleine Grafik hier.« Die Grafik auf den Lesegeräten zeigt aber immer nur eine transparente Karte mit einem angedeuteten Magnetstreifen. Ich weiß nie, ob das die Draufsicht oder die Unterseite der Karte darstellen soll. Und ich verlerne sofort nach dem Bezahlen, wie es richtig war. In schwachen Wochen ist mir das so unangenehm, dass ich total anti-EC und anti-Kassiererinnen werde und lieber große Mengen Bargeld mit mir rumtrage. Barzahlen ist nämlich wie Verlernen, da fahrradfährt man auch nicht.

»Also, ich fang' dann schon mal an«

Siehst du es bei dem Satz nicht schon vor dir, dieses Hinterzimmer eines Landhotels, in dem der Chef selbst kocht, Busse willkommen sind und die Gutsherrenpfanne 14,50 Euro kostet? Die Gasträume des Restaurants tragen wenig zweckdienliche Namen, du befindest dich im Hubertus-Saal. Zum Klo geht's in den gefliesten Keller. Mit dir am Tisch sitzen schwangere Cousinen und beige Großtanten, Campingplatznachbarn der Großeltern und dieses immer gleiche, mittelalte Paar, bei dem sie chronisch gestresst wegen ihrer Mutter oder ihrer Allergie ist und er wahlweise Italiener, Angolaner oder Polynesier und somit von konträr-vibrierender Fröhlichkeit.

An diesem Tisch sitzt du, weil es an diesem verregneten Sonntag angeblich etwas zu feiern gibt. Und feiern, das geht in Deutschland vor allem in Hinterzimmern von Landhotels und mit einem vorher festgelegten Menü, das gefälligst gemeinschaftlich genossen wird.

Es beginnt in der ersten Jahreshälfte mit Spargelcreme-, in der zweiten mit Waldpilzcremesuppe. Suppen werden auf dunkelbraunen Tabletts im Dutzend aufgetragen und ohne großes Kommando geschlürft. Aber der Hauptgang! Da möchten nicht alle das Schweinemedaillon, da möchten manche auch die Forelle und andere sogar die Käsespatzen mit kleinem Salat. Als vom Schicksal gerne Auserwählter sitzt du als Erster vor deinem überbackenen Schweinemedaillon und tust, als hättest du den Teller nicht gesehen. Denn nirgends wird krampfhafter an der Etikette festgehalten als bei Taufessen und auf Goldenen Hochzeiten. »Ich warte natürlich, bis ihr auch was habt!«, sagst du und sortierst manisch Gabel und Messer neben dem Teller. Die anderen starren derweil obszön und lüstern auf dein armes Tellergericht. Beim Starren spricht die Mischpoke gierig an dich hin: »Du kannst fei ruhig schon mal anfangen.« Du nickst verschämt, winkst gleichzeitig ab. »Ach was, ich warte doch noch auf euch.« Du warst nie unlockerer. Dann muss die Tischälteste mit strengem Ton »Du isst jetzt, wird doch kalt, wer weiß, ob wir überhaupt noch was kriegen!« sagen, und dann sagst du endlich den Hauptsatz. Unter öffentlicher Anteilnahme kaust du auf dem ersten Stück Beilagenkarotte herum und ein käsiger Onkel erkundigt sich sofort, ob und wie gut es wäre. Denn es sähe jedenfalls »sehr gut« aus. Erst wenn die Saisonkraft endlich eine Forelle Müllerin und zwei neue Apfelschorlen heranträgt, wendet sich die Tischaufmerksamkeit anderem zu, und du kannst wirklich anfangen. Zu essen. Und zu feiern.

»Voll retro!«

 Es scheint mir, als ob das Wort »retro« das Gleiche erleben wird wie zuvor die Wörter »spießig« und »Grufti«. Nach einer kurzen Zeit der allgemeinen Akzeptanz werden diese Ausdrücke nur noch von unseren Eltern benutzt: Papa schlurfte regelmäßig in mein Zimmer und sagte: »Na, hörste wieder Gruftimucke?« (Was ich nicht tat.) Mama zeigte ihren neuen Henkelkorb und sagte: »Findste wieder spießig, oder?« (Was ich nicht tat.) Jetzt sagen beide: »Ist doch voll retro!«, wenn sie mir ihre alten Ski andrehen wollen.

Ein bisschen haben sie natürlich recht. Retro ist etwas, auf das ich immer noch anspringe wie Kinder auf Pfützen. Dabei ist meine Retrolust längst durch alle Formen geschritten. Sie begann mit Begeisterung für Pop-Art, ergötzte sich an Nierentischen und dem Design der Fluglinien in den sechziger Jahren und brandete mangels übriger Dekaden viel später in Jugendstilausstellungen aus.

Immer öfter aber finde ich mein angehäuftes Retrozeug unpraktisch, ganz einfach, weil es in meinem Hightechalltag so schlecht performt. Zum Beispiel mein Telefonproblem. Ich habe daheim ein altes Wählscheibentelefon. Es sieht im Grau der Deutschen Post nicht nur angenehm clean aus, es hat auch einen schönen Klingelton, heute bekannt als »Old Phone«, der dort aber von einer echten Klingel erzeugt wird. Außerdem scharen sich meine Besucher staunend davor und wollen die Wahlscheibe schnalzen lassen, so dass ich sie manchmal mit einer Hellebarde auseinander treiben muss.

Nun aber bin ich gleichzeitig im Besitz eines Mobiltelefons, in dem eine Speicherkarte steckt, die im Laufe ihres Lebens die Nummern meiner Lieben treu gespeichert hat. Mit ihnen würde ich gerne abends an meinem gemütlichen Retrotelefon reden. Was nun folgt, ist auch im Werksverzeichnis Griechischer Sagen im Kapitel 7, Abschnitt 39, Unterregister »Sisyphos« zu finden. Ich zücke das Handy und suche die Nummer, die ich mir nicht merke, weil ich sie ja gespeichert habe. Dann wähle ich die ersten drei Ziffern an der alten Wählscheibe, was sehr lange dauert. Unterdessen geht an meinem Handy das Displaylicht aus, um Akku zu sparen. Ich sehe die Nummer nicht mehr. Um das Displaylicht wieder zu aktivieren, muss ich nur schnell eine Taste drücken. Wenn ich aber nur schnell eine Taste drücke, bin ich leider nicht mehr bei der Nummer aus dem Telefonbuch, sondern dort, wo eben diese Taste hinführt, die ich zum Lichtanschalten drücken wollte. Von da navigiere ich wieder zur gesuchten Nummer, halte abermals den Finger an die Wählscheibe – und habe vergessen, welche Ziffern ich bereits gewählt habe. So ein altes Telefon hat ja kein Display, das darauf wartet, bis ich soweit bin. Ich fange also wieder von vorne an, die ersten drei Ziffern, Handylicht aus, Navigieren, nächste Ziffer. Dann kommt eine dreifache Sieben, und ich verliere komplett aus den Augen, wie viele Siebener ich schon in die Wählscheibe gezogen habe. Es dauert lange, bis ich auf diese Weise jemanden erreiche. Und bis es soweit ist, denke ich non-stop: Der Retrokram ist eben doch nur was für spießige Gruftis.

»Ich möchte mit Menschen arbeiten«

 Wer diesen frommen Hauptsatz bereits umge-
setzt hat, für den gilt beim Klassentreffen die
Abwandlung: »Das Schöne an meinem Beruf
ist, dass ich viel mit Menschen zu tun habe.«
Wenn es ganz dick kommt, sind es sogar: viele
verschiedene Menschen. Allen Variationen liegt
der gleiche, erleichterte Unterton bei: »Juhu, ich habe den Robotern
noch mal ein Schnippchen geschlagen!«

Es ist ein Glück, dass dieser Wunsch nach menschlichem Kontakt
im Beruf für viele eine Idealvorstellung ist. Wenn alle lieber mit
Tieren oder auf einem Leuchtturm arbeiten würden, wäre Deutschland weder Exportnation noch Turniermannschaft geworden. Denn,
so schwärmerisch der Wunsch stets vorgetragen wird, er ist leicht
zu erfüllen. Nahezu jeder arbeitet mit Menschen. Irgendwer muss
einen ja einstellen, bezahlen oder das Leben zur Hölle machen. Es
gibt nur wenige Berufe, bei denen man nie zwingend einen ande-

ren Menschen treffen muss. Einer davon ist Blogger. Die restlichen 98 Prozent der Berufstätigen sehen sich an ihrem Arbeitsplatz, genau wie zuvor in der Uni oder dem Kindergarten, umringt von täglichen Menschen.

Nun gilt ein Kuchen nur als hausgemacht, wenn er im Hinterstübchen des Cafés fabriziert wird und nicht in der Fabrik, obwohl ein Fabrikgebäude im Grunde auch ein Haus ist. Genauso gibt es bei dem, was gemeinhin als »Arbeit mit Menschen« gilt, feine Unterschiede. Ein angehender Arzt und ein angehender Versicherungsvertreter würden beide für sich reklamieren, dass sie viel mit Menschen zu tun haben. Aber nur der Arzt, besser noch der Landdoktor, erfüllt jenen Volkswunsch nach innigem Kontakt mit den Mitmenschen. Der oberste Arbeiter mit Menschen war Albert Schweitzer. Auf den Rängen folgen Mutter Teresa und Gernstl, der im Bayerischen Fernsehen als verbaler Rückenkratzer der einfachen Leute fungiert.

In einem Büro an einem Computer zu sitzen, wird, trotz vieler Kollegen, nicht als Arbeit mit Menschen gewürdigt, sondern taugt nur als Ausrede für blasse Haut. Seltsamerweise wird auch Berufen, die im wahrsten Wortsinn mit Menschen arbeiten, das Wohlwollen verwehrt: Sektenführer, Kannibalen und Totengräber dürfen beim Klassentreffen nicht prahlen. Ihr Wunsch »Ich wollte immer Menschen verarbeiten« ist noch nicht in der Mitte der Gesellschaft angekommen.

»Ich kann mich gar nicht erinnern, was ich heute geträumt habe«

Eine solche Amnesie, was die Träume der letzten Nacht betrifft, ist weit verbreitet. Es gibt auch Menschen, die sich überhaupt nie an irgendeinen Traum erinnern können, sondern immer mit völlig leergefegter Domplatte aufwachen. Die Armen! Wo es doch ein kolossales gesellschaftliches Ereignis darstellt, sich gegenseitig die Träume der letzten Nacht zu erzählen. Büros und Frühstücksräume sind gekachelt mit den abstrusesten Geschichten, die dort von bislang unauffälligen Personen zum Besten gegeben werden. Dabei ist die Schilderung des eigenen Traums für die anderen Zuhörer meistens vollkommen unerquicklich. Sie geht doch immer mit einem »Also ich war in so einem komischen Haus ...« los, enthält Sätze wie »Dann seid ihr alle dazugekommen, und mein alter Biolehrer war auch da« und am Schluss »bin ich irgendwie aufgewacht«. Dazwischen ereignen sich die albernsten Sachen, von denen die Träumer einfordern, dass man ihnen aufmerksam folgt und vielleicht sogar Respekt zollt. Dafür, dass sie nackt mit einem Toaster im Arm versucht haben, dringend zum Bahnhof zu kommen. Als netter Mensch lächelt man so etwas weg und sagt bemüht: »Voll verrückt.«

Dass das Ausbreiten primitiver Schlafdetails so populär ist, dürfte auch an ihrem Immunitätsstatus liegen. Als Traum verpackt darf man alles erzählen. Es geht der Tag in der WG doch gleich besser los, wenn man dem doofen Mitbewohner schildert, wie man gerade seine Entführung durch belgische Monster leider nicht verhindern konnte. Oder ihm einfach das beliebte »Ich hab geträumt, du wärst irgendwie tot« reindrückt. Wer hingegen seiner reizenden Banknachbarin näherkommen möchte, verpackt dieses Verlangen gut und günstig in ein vielsagendes »Heute habe ich fei von dir geträumt«. Wenn sie dann tiefere Einsicht in die Traumakten nehmen möchte, darf man keinesfalls die Wahrheit sagen – nämlich dass man ihr ohne großes Aufhebens die Hosen runtergezogen hat. Stattdessen muss ein galantes Träumchen erfunden werden, das nur einen zarten Ansatz von Pikanterie aufweist.

Unter alteingesessenen Paaren gibt es beim Sonntagsfrühstück gelegentlich den einseitigen Versuch, für Romantik zu sorgen, indem man den anderen anzwinkert und sagt: »Heute habe ich die ganze Nacht von dir geträumt.« Das ist nett und gerne hört man sich als Partner die genaueren Umstände an. Leider fordert dieses Bekenntnis eine Erwiderung, die man nie geben kann. »Schatz, ich habe heute auch von dir geträumt«, ist immer unglaubwürdig. Vor allem, da man ja seit Monaten von der reizenden Banknachbarin träumt. In diese peinliche Situation tritt der Hauptsatz wie ein rettender Erzengel und enthebt die Falschträumer aller weiteren Nachfragen.

»Als Kind war ich ja total blond«

Oft gibt es diesen Satz auch in einer Abwandlung mit Locken zu hören. Blonde Locken sind der Superlativ der Kindheitserinnerungen. Menschen, die als Kind braunes oder kariertes Haar hatten, dürfen damit nie angeben. Nur blondes Kindshaar gilt was. Natürlich funktioniert der Satz nur als Kontrast zur aktuellen Haarfarbe des Erzählers, die heute üblicherweise leberwurstfarben oder schilfbeige ist. Mit dem Hauptsatz bekräftigt die einst blonde Person also nur, dass es seit der Kindheit bergab ging. Trotzdem wird mit einem anhaltenden Stolz davon erzählt – auch auf die Gefahr hin, dass es wie eine Entschuldigung für den maroden Ist-Zustand wirkt. Von den blonden Kindheitslocken hat man als Zuhörer jedenfalls nichts, nur empfindsame Mädchen flöten: »Ach süß, kann ich mir nicht vorstellen, Bernd mit blonden Locken!«

Ich hieß als Kind zwar nicht Bernd, hatte aber natürlich auch blonde Haare. Allerdings hatten die Existenz und Beschaffenheit der eigenen Haare zu dieser Zeit einen eher geringen Stellenwert. Sie waren mir lästig, weil die anderen Kinder daran ziehen konnten. Oder weil ich in einen Busch mit Kletten gefallen war, und es später wehtat, wenn Mama die Kletten rausoperierte. Danach wollte sie auch gleich »nette Frisur« machen, und ich musste wegrennen und mich unterm Schreibtisch verstecken, weil Frisurmachen scheiße war und ziepte.

Der Moment, in dem ich zum ersten Mal über meine Haarfarbe nachdachte, war gekommen, als ich ein Poesiealbum auszufüllen hatte. Und zwar eines, in dem Rubriken vorgegeben waren, von denen ich nicht mal wusste, dass sie zu meinem Leben gehören. Vom eigenen Lieblingslied und Lieblingshobby (doch immer: Spielen?) hat man mit neun Jahren nur eine vage Vorstellung. Eine Haarfarbe hatte ich immerhin. Nur war unklar, welche. Schließlich bediente sich die Gesellschaft dabei nicht des Farbschemas meines Wasserfarbkastens – dunkelgelbe oder ockerfarbene Haare gab es nicht. Stattdessen schrieben die Mitschüler seltsame Adjektive wie aschblond und brünett in die betreffende Spalte. Aschblond klang wahnsinnig lustig, deswegen übernahm ich das für mich und erzählte es auch fortan weiter.

Das ging gut bis zu jenem Alter, in dem traditionell eigene Körperteile unter die Lupe genommen und für mangelhaft befunden wurden. Da merkte ich, dass meine Haarfarbe sich zu einem durchschnittlichen Dunkelirgendwas entwickelt hatte. Zum Glück ging das in dem Alter fast allen so. Die Mädchen fingen also an, sich die Haare zu färben, die Jungen gründeten eine Band. Und weil weder das eine noch das andere langfristig gehalten hat, sagen heute alle, sie wären früher immerhin blond gewesen.

»Ich glaube, das da ist der Große Wagen«

 In unserer Generation zu leben, ist ein bisschen wie Pinguin im Zoo zu sein. Von außen klopfen fremde Menschen ans Sicherheitsglas, geben uns Namen, analysieren unsere Bewegungen, schütteln verächtlich den Kopf oder machen aufgeregt Zeichen. Innen aber ist es ganz ruhig. Es gibt genug zu essen, man kann zwar nicht so richtig raus, aber eigentlich reicht es schon. Wer ausflippen möchte, düst einmal an der Scheibe entlang. Die übrige Zeit watschelt jeder vor sich hin, bis es ihn auf die Schnauze legt, und dann geht er eben in die andere Richtung weiter. Eigentlich okay.

Wenn es nur nicht alle fünf Wochen Momente gäbe, in denen man kurz klar im Gebälk wird und links auf Bauchnabelhöhe so ein ziehendes Ungutgefühl spürt. Gottfried Benn und Thomas Bernhard würden vermutlich sagen, was da zieht ist das Sterbenmüssen. Ich sage: Es ist ein großer Vibrationsalarm aus Sehnsucht, Selbstmitleid und frischer Luft. Besonders gerne tritt dieses Gefühl auf, wenn man nachts unvermittelt ins Freie tritt, vielleicht bei einer Party den geheimen Balkon entdeckt hat oder sich auf dem Rückweg vom Open-Air-Kino befindet, dann um die Ecke geht und feststellt, dass sonst niemand in diese Richtung muss.

Dann ist es sehr still und man selbst allein beziehungsweise plus eins, mit einem vertrauten Menschen. Weil man ahnt, dass die große Stille und Heiligkeit in diesem Moment dort herkommen müssen, wo es keine Menschen gibt, schaut man nach oben. Da steht, hallo, der Nachthimmel und haut einem wie ein ganz lieber Riese mit einer weichen Keule eine rein. So schön ist er. Selbst irgendwo in Milbertshofen am Eck ist er schön. Man muss also stehenbleiben und gucken und schlucken und die vertraute Person tut es auch, ohne dass man gesagt hätte: »Wart' mal, ich muss gucken und schlucken, mach doch mit.« Nein, sie tut es von alleine. Nichts berührt uns so sehr, als wenn man ohne vorherige Anleitung das Gleiche macht. Er punktet also mal wieder, der alte Himmel, diese Romantiksau. Und links vom Bauchnabel schüttert es schon ganz gewaltig, die Nierchen vibrieren flau, und da ist es gut, dass es einen Hauptsatz gibt, der für diese Situation gemacht wurde.

»Ich glaube, das da ist der Große Wagen« sagen und dazu die Hand vage durch die Luft schwenken, diese vertraute Kombination setzt uns wieder aufs alte Gleis. Der gefährliche atemlose Moment ist vorbei, und alles geht weiter. Der vertraute Mensch an der Seite macht kleine Lippengeräusche und will geküsst werden, der Ampelsummer für Blinde summt und die Füße tun weh. Man weiß, wie es jetzt weitergehen muss: Großen Wagen anschauen und die Deichsel mit dem Zeigefinger nachfahren. Dann erzählen, dass man sich sonst keine Sternbilder merken kann, dass man während des halben Jahrs in Australien so einen absolut irren Sternenhimmel gesehen hat, dass irgendwann jetzt doch auch wieder diese vielen Sternschnuppen kommen müssten und man Astronomie und Astrologie immer verwechselt.

Nach diesen beruhigenden Nichtigkeiten, die man schon so oft zum Besten gegeben hat, ist man dann bald zu Hause oder geht wieder rein ins Warme, weil es auf dem kleinen Balkon doch ein bisschen kühl geworden ist. Dort schwimmt man noch ein paar Runden mit den anderen Pinguinen durchs gewohnte Becken und ist's zufrieden.

»Mir fehlen einfach
die Berge!«

 Ich nehme an, dass Norddeutschen statt der Berge das Meer fehlt. Was den Menschen in Mitteldeutschland fehlt, weiß ich nicht so genau, vielleicht das Zentrale. Bei uns jedenfalls hat man gefälligst die Berge zu vermissen, sobald man mal woanders ist. Wer als Bayer am Strand sitzt, bemerkt spätestens am dritten Tag, dass ihm irgendwas abgeht, und am fünften Tag weiß er, dass es die Berge sind. Etwas anderes kommt nicht in Frage, denn der Rest ist ja doch weitgehend hier wie da, also Bäume, Kurven und Kinder mit Johannes-B.-Kerner-Frisuren.

So sehr vermisst der Bayer in der Ferne die Berge, dass er es als Folge geradezu ausschließt, je woanders zu wohnen. Schön wäre es ja schon, woanders, bekundet er, aber er würde es dort wohl auf Dauer ohne Berge nicht aushalten. All jene, die bereits erfolgreich bergfern wohnen, hören diese Klage mit der freundlichen Nachsicht, die man auch sehr alten Menschen entgegenbringt, wenn sie vom Krieg erzählen. Anwesende Bayern aber nicken vielsagend, und wäre noch ein Akkordeonist zugegen, müsste er das Lied »Bergmann, komm bald wieder« anstimmen. Falls einer in dieses älplerische Vertriebenenszenario platzt und anmerkt, dass dort drüben doch auch ein Berg stünde – der slowenische Triglav vielleicht oder ein Stück apulischer Apennin –, so hat er sich vor dem Bayern unmöglich gemacht. Denn nur das sind die echten Berge, die man vom Olympiaberg in München meistens nicht sieht.

Einmal daheim sind dem Bayer die Berge wieder recht egal. Er sieht sie oft genug, wenn er in der Straßenbahn sitzt oder auf dem Weg ins Katasteramt ist, denn überall hängen Plakate, die für Weißbier werben. Ein Weißbierplakat enthält immer bayerische Stimmungsaccessoires wie Brezn, Dirndlbusen in Dirndlblusen, Kühe und Holztische mit karierten Decken. Dieses Inventar wird ohne weiteren Zusammenhang um ein Glas Weißbier gruppiert, und in den Hintergrund wird ein Bergpanorama geshoppt, wie man unter Grafikern sagt. In München stehen alle zweihundert Meter solche Weißbierplakate. Das ist dann Berg genug für den bayerischen Alltag. Denn das Beste an den Bergen ist, dass sie einen in Ruhe lassen. Die wollen nix, nicht mal spielen. Sie stehen und stehen, und wenn man zweimal im Jahr über den Irschenberg Richtung Adria fährt, sind sie plötzlich rechtsbündig im Bild. Dann muss man sagen: »Guck mal die Berge, schön oder?« Nur wegen diesem Moment kann der Bayer nicht weg aus Bayern.

»Ich werde gar nicht braun, nur rot«

 Mit der gleichen unabänderbaren Zuverlässigkeit, mit der ich »amchen« statt »machen« tippe und »cih« statt »ich«, muss ich jeden Sommer mehrmals meinen nackten Arm an einen fremden Arm pressen. Das ist der Braunvergleich. Ich bin nicht sehr gut im Braunvergleich. Meistens geht der andere Arm deswegen direkt in Jubelpose über, und der andere Mensch hat seine Freude. Im gleichnamigen Taumel begeht er dann gleichzeitig einen Verstoß gegen die deutsche Schulgrammatik und die jüngere deutsche Geschichte. Er schreit: »Meiner ist brauner!« Wahlweise auch bräuner oder am bräunsten.

Farben zu steigern ist zwar verboten, aber mit der steigenden Popularität des Braunvergleichs unter jungen und jüngsten Menschen wird eine Neuregelung dieses Verbots dringend erforderlich. Ist doch auch klar: Als die Grammatik entdeckt wurde, gab es noch keine Kurztrips in die Sonne und die Aftersun war nicht erfunden.

Stattdessen hatten die Frauen spitze Hüte auf, mussten sich schräg aufs Pferd setzen und wollten eine möglichst weiße Hautfarbe haben. Elektrisches Licht gab es nicht, und wenn man abends in der Burg bis in die Puppen Schreckenstein-Bücher lesen wollte, musste die Haut leuchtend weiß sein, damit sie genug abstrahlte. Man war sich selber eine natürliche Nachttischlampe! Heute lächeln wir über diese simple Methode der Ritter und finden sonnengebräunte Arme schöner als weiße. Meine Forderung deswegen an das neue EU-Parlament: Wer die sonnengebräuntesten Arme hat, muss dies heute auch durch einen legalen Komparativ kundtun dürfen.

Nach meiner Niederlage benutze ich den Hauptsatz und die anderen Beteiligten sparen nicht mit Verständnis. Mindestens einer sagt auch das Wort Hautkrebs, das in die Liste der 100 modernen Spaßverderber gehört. Nachts, wenn ich kaputt rumliege, denke ich dann: Ob es mal eine Zeit geben wird, in der die Menschen rote Haut sexy finden? Und wie werden die auf dem Pferd sitzen? Im Schneidersitz?

»Soll ich die Schuhe ausziehen?«

Ein bisschen wie »Stör' ich gerade?« am Telefon hat sich diese Frage in die urbane Etikette eingeschlichen. Zu stellen ist sie an fremden Schwellen, die zu übertreten man meist mittels einer Einladung genötigt wurde. Deswegen auch stehen dabei zusätzlich zu einem selber zwei bis neun Gastgeber im Hemd sowie gastgebender Geste in der Tür und die Stimmung ist sehr gut und herzlich. Es darf auf jeden Fall als Trübung der Begrüßungsstimmung gelten, nun gleich auf das mitgebrachte Schuhwerk hinzuweisen und die leidige Schuhfrage zu stellen. Nicht zuletzt, weil die Gastgeber so zu Hausmeistern degradiert werden. Im Vorteil ist, wer die Hausherren so gut kennt, dass er entweder weiß, wie sie es mit den Schuhen halten, oder wenigstens einschätzen kann, wie weltgewandt sie sind.

Natürlich sind Schuhe grundsätzlich anzulassen. Schon allein der Damen wegen, die elf Stunden das passende Schuhwerk zur Restdame ausgesucht haben und dann ohne Schuhe niedrig oder mit Füßen in durchsichtigen Strumpfhosenkokons herumschlurfen müssten. Das Angebot, Hausschuhe der Gastgeber zu benutzen, ist nur bei allerbesten Freunden oder Verwandten überhaupt statthaft und auch dann, falls möglich, abzulehnen. Nicht nur, weil fremde Hausschuhe im Empfinden noch muffeliger sind als fremde Straßenschuhe, sondern vor allem weil für die Gäste oft Scherzhausschuhe reserviert sind. Wer je einen gesellschaftlichen Abend mit Tigerkrallen an den Füßen verbracht hat, kann den Punkt »Fegefeuer« getrost abhaken. Weil in dieser modernen Zeit kaum einer mehr zu harten Regeln fähig ist, wird es einem als Gast oft freigestellt, die Schuhe anzulassen. In diesem Fall sollte man einen Blick in die Runde der Versammelten wagen und dabei etwas Unverfängliches wie »Hallo!« oder »Huhu, ich alter Volldepp bin auch da!« sagen. Strecken alle anderen ihre Plüschsocken in Pastellfarben über den Couchtisch, sollte man deutlich in sich horchen, ob man es hier als Einziger in Schuhen wirklich durchsteht. Oder direkt wieder geht. Irgendeine Sabrina gibt es immer, die zu fortgerückter Stunde grölen wird: »Ey, schau mal, er hier hat als Einziger Schuhe!«

Als Gast erweist man der fremden Wohnung Respekt, indem man sich im Treppenhaus vergewissert, ob man nicht unterwegs ein kleines Tier zertrampelt hat oder mit dessen Hinterlassenschaften in Kontakt getreten ist. Als Gastgeber plagen einen komischere Sorgen. Natürlich dürfen die Gäste die Schuhe anlassen, aber wie läuft man selber auf? Schließlich ist man ja doch in den Privatgemächern eher sockig unterwegs. Will man aber durch die eigene Party als Einziger derart fußärmelig wandeln? Nein! Also vor dem ersten Gast rein in die schweren Stiefel und gleich einmal quer damit übers Doppelbett. Macht bessere Laune als jeder Aperitif.

»Welcher bin ich?«

Das ist ein Satz, den ich siebenhundertmal sage, wenn ich ein Computerspiel spielen muss. Mir fehlt bei solchen Anlässen nämlich gerne die Übersicht darüber, welches Spielfigürchen meines ist. Dabei ist es einfach: Ich bin immer die Figur, die in die falsche Richtung wuselt, die von der Bahn gerutscht ist, ohne Golfschläger schlägt oder aus der schon eimerweise Blut spritzt, weil ein Alien sie in der Mangel hat. Spielen am Computer ist eine der wenigen Grillen der Popkultur, der ich nie so recht verfallen bin. Gelegentlich kam es in den letzten 18 Jahren trotzdem dazu, dass ich vor einem Bildschirm zum Mitmachen eingeladen worden bin und einen Joystick oder Controller in die Hand nehmen sollte.

An dem, was dann folgte, hat sich in all den Jahren wenig geändert, nur die graphische Auflösung ist besser geworden: ich als Kanonenfutter für meine trainierten Mitspieler. Oder ich als Quell der Erheiterung für alle Zuschauer, wenn ich mich alleine durch ein Szenario schlagen sollte. So wie sich meine Großeltern beim Bedienen eines Quick-Check-In-Terminals am Flughafen anstellen, stelle ich mich bei den Computerspielen an, mir fehlt da einfach die Grundgeschmeidigkeit. Jeder Achtjährige, der das Spiel genauso wenig kennt wie ich, würde es intuitiv besser machen.

Am allermeisten verabscheue ich Autorennspiele beziehungsweise alles, wo man auf einer Bahn durch Kurven fahren und Hindernissen ausweichen sollte. Ich bringe stets Stunden damit zu, mein Rennauto aus abseitigen Gräben zu rangieren oder quer durch eine mit keifenden Kakteen besetzte Off-Welt zu knattern, während mich alle anderen überrunden. Zurück auf der Straße fahre ich hundertpro in der nächsten Kurve wieder raus, Funken sprühen, Pfeile leuchten und mein armer, pixeliger Vertreter auf dem Bildschirm kratzt sich ratlos am Kopf oder verliert stumm leidend an Energie. Und das obwohl ich mit beiden Händen am Steuergerät rumkurbele, als wäre es das Steuerrad eines Segelschiffs! Immer ist mein Auto viel zu schnell und die Bahn viel zu schmal.

Ich bemühe mich ja redlich, will doch wirklich mit den anderen in den nächsten Level, aber ich bin zu doof. Bei SuperMario bin ich seinerzeit in jedes Loch gefallen, habe jeden Sprung zu kurz angesetzt und bin selbst Gegnern erlegen, die meine Mitspieler als ungefährlich deklarierten. Falls ich einmal einen Höllenschlund erfolgreich überwunden hatte, war ich von dieser Leistung so ehrlich verblüfft und beglückt, dass ich besinnungslos in den nächsten Todesdorn rannte. Das Dauerschlechte, auf das man während eines solchen »Adventures« gefasst sein musste, habe ich nie verinnerlicht. In Träumen muss ich bis heute von einem schwebenden Holzfloß zum anderen springen und dabei nach Goldtalern schnappen. Da, und nur da, weiß ich immer, welcher ich bin. Der mit meinem eigenen, schmerzverzerrten Gesicht.

»Möchtest du auf der Bank sitzen, oder soll ich?«

 Eine Zeit lang dachte ich, ich wäre sehr männlich, wenn ich mich immer klar und schnell für etwas entscheide. Ich wollte damit eine Gegenbewegung zum sehr angesagten »Kannmichnichtentscheiden«-Trend begründen. Leider hat es nicht funktioniert, nicht nur was die Männlichkeit anging, sondern vor allem weil mir dabei die kleinen Alltagsfragen immer Schwierigkeiten bereiteten und mich sogar zunehmend verwirrten. Über die Unmöglichkeit, die »Sollen die Ohren freibleiben?«-Frage beim Friseur zu beantworten, habe ich schon mal berichtet. Vor der Stewardess im Flugzeug fürchtete ich mich schon in der Flughafen-S-Bahn, weil ich wusste, ihre Getränkefrage würde mich wieder in hemmungsloses »Äh«-Stakkato versetzen.

Der obige Hauptsatz nun gehört auch zu diesen gemeinen, verstörenden Minifragen und spielt sich stets bei Restaurantbesuchen ab, die bei mir auch oft nur Wirtshausbesuche sind. Entgegen der landläufigen Meinung finde ich dieses dauernde Essengehen ja nicht unstressig: Erst muss man stundenlang gemeinsam überlegen, wo man hin möchte und auf was man Hunger hat. Dazu versucht man tatsächlich in seinen Bauch hineinzuhorchen, bis er brüllt »Ich lieeeeebe Thai!«, und das ist es dann. Später muss man einen Raum betreten, in dem schon viele Leute sitzen, und weil sie auf ihr Essen warten, haben sie nichts anderes zu tun, als übellaunig und hämisch die Eintretenden zu beobachten. Unter diesen Blicken muss man in Sekundenschnelle nach freien Plätzen spähen und gleichzeitig in Blinzelkontakt mit dem Wirtspersonal treten. Macht dieses keine Anstalten, hat man selber zielstrebig einen Tisch anzusteuern, der die Grundansprüche an einen Wirtshaustisch erfüllt: nicht zu nah am Klo, nicht in Räumen, in denen sonst niemand sitzt, nicht neben der Tür und nicht unter dem Lautsprecher, schon gar nicht neben der Live-Musik, falls man aus Versehen in einen Thai-Jazz-Keller geraten ist. Es sollte nicht der Stammtisch und wenn möglich auch nicht der einzige Tisch in der Raummitte sein. Das sind ziemlich viele Dinge, die zu beachten sind, und bis ich alle einigermaßen befolgt habe, bin ich erschöpft und hungrig und stehe im besten Falle samt Begleitung vor einem Juwel von einem leeren Tisch. Sofern er, wie meistens in bayerischen Wirtshäusern, an der Wand steht (wir haben hier im Süden sehr viel Wand), kommt die Frage, die mich endgültig zermürbt. Wer will auf die Bank und wer will auf den Stuhl? Ich weiß es nicht, nie. Will ich auf die Bank? Nein! Auf den Stuhl? Auch nicht! Ich kann mich nicht entscheiden, und das Schlimme ist – es gibt auch keine Aussicht darauf, dass ich jemals eine logische Entscheidung herbeidenken kann. Warum gibt es dazu keine Benimmregeln? Etwa: Männer lassen ihre Damen auf der Bank sitzen, damit diese ungeniert mit ihren Reifröcken rumkugeln können. Oder: Damen sollten immer auf Stühlen sitzen, weil sie dann nicht so unfein wippen wie auf einer Bank. Gibt es beide nicht.

Bank, denke ich also, Bank ist gemütlich. Gleichzeitig aber: Stuhl! Stuhl ist der Klassiker in Sachen Sitzen. Hat man je von Nobelpreisträgern auf Kaffeehausbänken gehört? Nie! Die saßen immer auf Kaffeehausstühlen. So stehen ich und die Begleitung gebannt vor Bank und Stuhl und ringen mit uns, bis ich mit großem Kraftaufwand »Bank« sage. »Och, das wollte ich auch!«, sagt die dumme Begleitung sofort. In diesem Moment fällt mir, immer zu spät, die Lösung des Bank/Stuhl-Dilemmas ein. Der Fehler liegt nicht in den beiden Möglichkeiten, der Fehler liegt in der albernen Gewohnheit, sich gegenüber sitzen zu wollen. Nebeneinander sitzt es sich zwar nicht ganz so romantisch, es fühlt sich aber technisch auch tadellos an. Man sitzt Schulter an Schulter auf der Bank oder auf zwei Stühlen und guckt sich zusammen das Essen an, als wäre es eine Fernsehsendung, die man zwar nicht wegschalten kann, aber wegessen.

»Ich müsste auf der Gästeliste stehen«

 Mit einer Gästeliste verhält es sich so: Wer nicht darauf steht, findet sie anstrengend, wer darauf steht, findet sie toll. Beim Mond ist es genau umgekehrt.

Da ich einerseits mit einem ausgeprägten Hang zu zwischenmenschlicher Harmonie gesegnet und andererseits gelegentlich auch Journalist bin, stellt die Gästeliste oft einen Grenzposten zwischen beiden Welten dar. Gerne sage ich den netten Promotern und Musikern zu, die mich auf ihre Konzerte oder Kleinkunstdarbietungen einladen. Sehr ungern stehe ich dann am Abend der Kleinkunstdarbietung in einer Reihe mit Menschen, die ihr sauer verdientes Geld in der Hand kneten, um es knirschend beim Typen an der Kasse abzugeben. Schlechtes Gewissen wegen Nichteinhaltung solidargemeinschaftlicher Regeln!

Nie schaffe ich es deswegen auch, wie Graf Pozzi einfach an den Wartenden vorbeizugehen und vorne mit meinem Namen zu bezahlen.

Stattdessen stelle ich mich an wie alle und flüstere erst, wenn ich an der Reihe bin, beschämt den Hauptsatz. Neben mir steht dabei die Hoffnung, mein Hintermann möge frei von niederen Instinkten wie etwa Neid und gutem Gehör sein. Das Flüstern führt aber nur dazu, dass mich das Kassenwesen mit seinen vom Nachtleben geschändeten Ohren nicht versteht. Also muss ich den unliebsamen Satz lauter als normal sprechen. Schon ragt der Unmut der Menge hinter mir auf wie das Matterhorn hinterm Edelweiß. Schließlich prahle ich gerade nicht nur lauthals mit dem Gratiseintritt, sondern verzögere auch den Zutritt. Immerhin raschelt es jetzt an der Kasse, und ein kaffeefleckiger, zweimal mit Klebeband verarzteter Fetzen randvoll mit Namen wird studiert. Nun ist der Zeitpunkt gekommen, an dem ich vor Publikum meinen Nachnamen buchstabieren muss, was eines der wenigen Dinge ist, die ich trotz jahrelanger Übung nicht routiniert hinkriege. Wer das nicht glaubt, dem gestatte ich gerne das Erlebnis, das Wort »Scharnigg« einem fremden Menschen stringent zu erklären.

Gleichzeitig mit meinem lautmalerischen Vortrag versuche ich mich so zu positionieren, dass ich selber auf die Liste sehen kann. In der Hälfte der Fälle finde ich meinen Namen lange vor dem Türpersonal und zeige mit dem Finger drauf. In der anderen Hälfte der Fälle finde ich meinen Namen nicht und der andere Mensch auch nicht. Es wäre übertrieben, wenn man ihm besonderen Eifer bei der Suche attestieren würde. Stattdessen bummelt er mit einem Interesse durch die Namen auf der Gästeliste, als wäre es die Sockenschublade seines Lateinlehrers.

Was dann folgt, habe ich schmerzhaft oft erlebt: Schulterheben und etwas, das wie »Nee, sorry, hab ich hier nich', dein' Nam'« klingt. Ich darauf so: »Komisch, müsste aber, der Kai von Soulfiction 3000 hat aber ...« Bringt nie was.

Großes gegenseitiges Angucken. Dazu die knolligen Blicke der

Wartenden im Rücken. Wenn es sich um normale, mäßig besuchte Kleinkunst handelt, zahle ich jetzt sofort die geforderten 412 Euro, habe den ganzen Abend schlechte Laune und höre absichtlich nicht so genau hin. Wenn es sich um brachial ausverkaufte Superkunst handelt, wird die Situation mit meinem vergessenen Namen auf der Liste schon brenzliger. Schließlich könnte man denken, ich wäre so ein Scharnigg, der keine Karte mehr bekommen hat und sich mit einer schwachen Finte jetzt doch noch ins Haus bringen will. Die Leute um mich herum inklusive Kassentyp denken auch genau das. Dann hilft nur gemurmeltes Absingen von Phantasiechorälen und dazu im Rückwärtsgang durch eine Wand aus Häme zurück.

Diese Rückzüge verhärten das Gemüt so sehr, dass man als Popjournalist nach wenigen Jahren problemlos ein Betonpflanzkübel für Tulpen in Fußgängerzonen werden kann.

»Ich brauch' jetzt erst mal 'nen Schnaps«

 Ich weiß nicht, ob es schon medizinische Erhebungen zur Placebowirkung dieses Satzes gibt. Fest steht, dass er nach Auffahrunfällen, wichtigen Prüfungen, durchwanderten Berggewittern, überlebten Seilbahnabstürzen, Flugzeugturbulenzen und Diebesattacken, vermeintlichen Begegnungen mit längst Verstorbenen, Verfolgungsjagden in Unterhosen, Schlauchbootplatzungen, versehentlichen Steuerpfändungen und ja, auch nach schlechtem Essen, fortlaufend gesagt wird. Interessant ist dabei einiges. Zum Beispiel, dass oft die indirekt Betroffenen allen voran nach einem Schnaps schreien, also die Beifahrer und Mitangeklagten, die Copiloten und die, die nur in die im Schlauchboot geplatzte Familie eingeheiratet haben. Diese Mitläufer wollen mit dem Hauptsatz ausdrücken, dass sie soeben mitgelitten haben, als hätte es sie selber voll betroffen, und das machen sie deutlich, indem sie die Situation als Schnapssituation einord-

nen. Es ist ja das Äußerste, was ein vorwiegend in sitzender Tätigkeit arbeitender Mensch an Krisenbewältigung zu leisten imstande ist: Schnapstrinken. Eigentlich ein schöner Brauch. Er verbindet die Volkshoffnung, dass es doch so was wie ein »tonikum ex macchina«, ein Wunderheilmittel, geben könnte, nach dessen Genuss alles ein bisschen einfacher ist. Gleichzeitig ist der Griff zum Schnaps in diesen Situationen immer eine absolute Ausnahme, ein Tabubruch, denn sonst trinkt man ja nicht schon um elf Uhr morgens. Das verlagert die Aufregung ein wenig, gewissermaßen killt man die eine Ausnahmesituation mit der anderen Ausnahme und beruhigt sich dabei. Und ganz medizinisch gedacht ist es auch ein gutes Zeichen, wenn man noch Schnaps trinken kann, ohne dass er gleich wieder an der Seite rausläuft. Falls es sich um Nachbars Selbstgebrannten handelt, erfüllt die Schnapskur auch noch einen weiteren Zweck – das Zeug schafft neue Schmerzen und mithin neue Probleme, das lenkt von den alten ab.

Als Kind fand ich dieses Erwachsenenmantra mit dem Schnaps schon leicht unseriös und nahm mir vor, es später nicht zu gebrauchen. Vor allem weil der verschorste Akkordeononkel aus der Zone es bei seinen langen Besuchen am häufigsten anbrachte und am Ende überhaupt keine Anlässe dafür brauchte. Es genügte ihm schon das gemeinsame Beobachten eines Eichelhähers aus dem Badezimmerfenster, um postwendend lustig einen Schnaps zu fordern. Es war aber gar nicht lustig. Leider sage ich heute den Schnapssatz doch auch manchmal. Oft genug fällt mir erst danach ein, dass gar kein Schnaps im Haus ist. Aber das macht nichts. Irgendwie hilft der Satz alleine auch schon.

»Ist hier rechts vor links?«

Bei Tieren sind Übersprungshandlungen gut er-
forscht. Ein Huhn etwa, das ansehen muss, wie
seinem Kollegen der Hals umgedreht wird, erleidet einen Schock und fängt als Übersprungshandlung an, Körner zu picken. Auch wenn es
gar keine Körner gibt, das Huhn tut einfach so.
Ich habe oft Lust, nach unsichtbaren Körnern zu picken, aber diese
Übersprungshandlung ist für meine Spezies nicht zugelassen. Stattdessen kremple ich im Zustand akuter Verstörung meine Hemds-
ärmel bis unters Schlüsselbein und stelle mich auf die Außenseiten
meiner Schuhe, als wäre ich eine Lokalbahn.
Fahre ich allerdings Auto und werde dabei angehupt, sage ich als
Übersprungshandlung: »Höh? Isthierrechtsvorlinks?« und steige auf
die Bremse, als müsste ich sie unten aus dem Auto raustreten. Bei
mir ruht die Rechtsvorlinks-Regel in einer Art Zwischenablage, die
sich stets zu spät öffnet. Dann nämlich, wenn ich links vor rechts

halb in einer Kreuzung stehe und mich die Lichthupe eines Opels unfreundlich duzt. Es sind an Rechtsvorlinks-Kreuzungen immer Opel-Kombis, die ganz doof im Recht sind.

Während andere Verkehrsregeln stumm hingenommen werden, verlangt eine Rechtsvorlinks-Situation nach öffentlichem Ausspruch. Vielleicht, weil sie nicht sofort auf einem Schild nachprüfbar ist und deswegen etwas unwirklich scheint. »War da ein Stoppschild?« oder »War die Bahnschranke wirklich schon unten?« lässt sich ad hoc nachprüfen, das Rechtsvorlinks aber liegt über den Straßen der Wohngegenden wie ein zarter Fluch. Man denkt nicht dran und glaubt es kaum, wenn ein anderer Autofahrer sich darauf beruft.

Rechtsvorlinks ist das Passwort für mein schlechtes Gewissen. Darüber hinaus bringt es mich bisweilen auch an die Grenzen meiner räumlichen Vorstellungskraft. Wenn sich auf vier kleinen Straßen vier große Autos gegenüberstehen und darauf warten, welches am schnellsten rechts von links unterscheiden kann, schneide ich immer schlecht ab. Ich erinnere mich, dass in der Fahrschule dafür das nonverbale Verständigen mit den anderen Fahrern als Lösung vorgeschlagen wurde. Klappt natürlich nie. Stattdessen machen alle hinter dem Lenkrad das Gleiche wie ich: Picken nach unsichtbaren Körnern.

»Wenn die Sonne weg ist, wird's gleich kalt!«

Diesen Satz hat eine nette Leserin eingereicht. Darüber bin ich froh, denn ich war mir bis zu dem Zeitpunkt nicht sicher, ob ihn vielleicht meine Mutter erfunden hat. Diese Mutter, die übrigens auch zufällig die beste ihrer Art ist, hat ein überaus reichhaltiges Sortiment an Sätzen zur Sonne und zur Wetterlage allgemein. Komplementär zu »Wenn die Sonne weg ist«, gibt es zum Beispiel »In der Sonne kann man es schon gut aushalten«. Im Frühling kann es sein, dass »die Sonne schon richtig Kraft hat«, und wenn das der Fall ist, dann darf man die »Sonne nicht unterschätzen« und muss sich folgerichtig eincremen.

Wie gut, dass wir so ein abwechslungsreiches Wetter haben und klar akzentuierte Jahreszeiten. (Das ist übrigens auch ein Hauptsatz, von Menschen, die zwei Jahre lang in Kalifornien gewohnt haben.) Jedenfalls ermöglichen die Wetterkapriolen es meiner Mutter, oft einen wohlgesetzten Kommentar anzubringen. Im Sommer kann es passieren, dass man »bisschen zuviel Sonne abkriegt«, außerdem »haben sie für heute Abend Gewitter angesagt«. So ein Gewitter wird angekündigt mit dem essentiellen Satz »Da hinten kommt's schon ganz schwarz«. Wenn es dann nicht bald kracht, ist es »wieder vorbeigezogen«, wenn es aber richtig runterpladdert, dann »freuen sich die Pflanzen«. Im Herbst wird es »in den Nächten schon richtig kalt«, wenn der erste Schnee fällt, sagt meine Mutter »Lass' das Auto lieber stehen«, und wenn er lange andauert, dann »freut sich die Haut über jeden Sonnenstrahl«. Dazu kommen universal gültige Wetterhinweise wie: »Zieh' dir was an!«, »Hast was gegen Regen dabei?«, »Setz deine Mütze auf!« und das triumphierende »Wenn ich so rumlaufen würde wie du, wäre mir auch kalt«.

Wie vieles andere Gute, habe ich auch die Wetterweisheiten von meiner Mutter übernommen und erfreue nun selber meine Bekannten beim Grillabend mit dem Hinweis, sie würden sich »die Nierchen verkühlen«, wenn sie noch länger auf den Steinen hockten. Oder weise ernsthaft auf ein »frisches Windchen« hin, das eine leichte Jacke anraten lässt. Lustigerweise befolgen alle diese Ratschläge, lassen höchstens ein zahmes Murren vernehmen oder maulen »Mir is' gar nicht kalt«. Theoretisch müssten sie mich doch für frühvergreist und affig halten. Stattdessen aber greifen bei ihnen die alten Reflexe von zu Hause – offenbar ähneln sich unsere Mütter doch ein wenig. Man sollte diesen Urreflex unbedingt mal auf einer Party testen und zu einem Ecksteher sagen: »So, Freundchen, die Bettflasch' pfeift, ich kenne einen, der ist schon ganz müde!« Wetten, er wird sich ertappt aufrappeln, reflexartig gähnen und wimmern: »Aber alle andern dürfen doch auch noch auf sein.«

»Wir haben über Gott und die Welt geredet«

 Eigentlich behandelt diese Sammlung keine klassischen Phrasen. Hiermit mache ich eine Ausnahme, weil der Spruch immer so nett aufgesagt wird – und eine große Spruchlücke ausfüllt. Ersatz für diese All-inclusive-Metapher zu finden ist schwierig. Ein Bericht, wie ich mit dem Typen im Apple-Store über »alles Mögliche« geredet habe, käme nicht über die Aufmerksamkeitsschwelle meiner vergnügungssüchtigen Freunde. »Gott und die Welt« aber gemahnt an prasselndes Kaminfeuer, und wann hätte man je in einem Apple-Store einen Kamin gesehen? Schon sind ich und die kleine Geschichte interessant.

Müßig zu sagen, dass es in »Gott und die Welt«-Gesprächen selten um die Welt im Sinne von Angola vs. Dinosaurier und noch seltener um den alten Gott geht. Nein, gemeint ist mit »Gott und die Welt« nichts anderes, als »ich und meine Zipperlein«. Wer sich die anhört und als Antwort subjektive Ansichten über sich, das eigene

Leben und vielleicht noch ein wenig Persönliches erzählt, der hat das »Gott und die Welt«-Examen bestanden. Obwohl man sie auch beliebiges Gequatsche nennen könnte, sind »Gott und die Welt«-Gespräche positiv bewertet. Die Menschen sehnen sich nach »Gott und die Welt«-tauglichen Typen, viele werden vom Fleck weg geheiratet. Die Teilnehmer solcher Ehen werden später damit angeben, dass sie mit dem Partner immer noch über Gott und die Welt reden könnten, während andere leider nur ... ja, was wäre das Gegenteil von »Gott und die Welt«-Gesprächen? Sind es »Karl-Heinz und die Nachbarschaft«-Gespräche? »Teufel und die Gruschkiste«-Geplapper oder gar »Darwin und die Unterwelt«-Geschwafel?

»Morgen ist ja genaugenommen schon heute«

 Sehr empfänglich bin ich für kleine Alltags-
wunderlichkeiten. Solche Rätsel wie, dass man
ganz lange keinen Schluckauf kriegt und dann
gleich dreimal an einem Tag oder dass ich
immer genau zur vollen Stunde auf die Uhr
schaue, sind doch die Schmiermittel, die die-
sen Planeten so locker seine Hüften durchs Universum schwingen
lassen.

Den gleichen Wunderschauer erleben mit diesem Hauptsatz vor
allem diejenigen, die sich an Tresen von Clubs räkeln und dabei ihre
Mitsteher volllabern (vgl. »vollsülzen«, 1981). Fast ausschließlich geht
es in solchen Clubgesprächen darum, was diese Menschen morgen
alles zu tun haben. Meistens müssen sie nämlich ausgerechnet morgen ganz früh raus und zum Bafög-Amt oder ihre Mutter ins Krankenhaus fahren, weil die sich die Lippen machen lässt und schon
gestern deswegen eine Beruhigungstablette genommen hat.

Derart dringende Vorhaben erzählen die Clubtresenmenschen in epischer Breite aus zwei Gründen. Erstens weil sie, wie die meisten, immer noch nicht kapiert haben, dass in Clubs die laute Musik und die bunten Lichter deswegen angeschaltet sind, weil man hier tanzen, etwas zerkratzen oder stumpf rumliegen soll. Man soll jedenfalls nicht stundenlang eindringliche Gespräche führen. Es setzt sich ja auch keiner auf die Tanzfläche und strickt, eben weil das Licht in Clubs dafür viel zu schlecht ist. Geredet wird aber ununterbrochen, obwohl der Ton in Clubs dafür eigentlich auch viel zu schlecht ist.

Es gibt auch noch einen zweiten Grund: Berichte darüber, was sie eigentlich morgen zu tun hätten, sollen unterstreichen, dass die anhaltende Präsenz dieser Menschen am Tresen eine echte Gottesgabe ist. Sie wollen klarmachen, wie wagemutig und wider jede bessere Einsicht sie hier stehen und alle vollquatschen, obwohl ihr Zeitfenster doch erkennbar überdehnt ist. Als Zuhörer nickt man brav und zählt mit den Fingern mit, wie viel Zeit dem armen Draufgänger noch bleibt, wenn er jetzt wieder ein Bier bestellt und noch mal sagt: »Ich trinke doch noch eines, dabei muss ich morgen um sieben Uhr ...«

Da schlägt der Moment des Hauptsatzes und die Wunderkammer »Gregorianischer Kalender« geht auf. Denn das, was alles morgen sein soll, ist ja laut Uhr schon heute, denn heute ist ja schon morgen, beziehungsweise heute, das ist ja schon gestern, beziehungsweise jetzt ist ja schon das alles, was sie eigentlich morgen machen sollten, und ihre ganzen Sätze bisher waren kalendarisch falsch. Pardauz! Alle in der Runde patschen sich wunderlich berührt ans Dekolleté und können es nicht fassen, wie subjektiv sie den Tageslauf mal wieder wahrgenommen haben. Sie denken alle, es wäre Abend, dabei ist schon Morgen!

Und obwohl das jeden Tag wieder passiert, weil eben die wenigsten um Schlag Mitternacht ihr Licht ausknipsen, wird die Menschheit nicht müde, auf diesen komischen Umstand hinzuweisen. Es schauert eben so schön und wundert so kurz. Übrigens genau wie ich mich immer wundere, wenn ich etwas für 15,32 Euro kaufe und auf einen Fünfzig-Euro-Schein nur einen Zehner und einen Zwanziger rauskriege. Das ist genau der immer gleiche Sekundenwunder – aber auch wieder eine andere Geschichte.

»Stör' ich gerade?«

 Schon seit dieser einen Klassenparty, die ich als Einziger ungeküsst verließ, hatte ich einen dringenden Verdacht: Diese Welt braucht mich nicht so unbedingt. Aber erst seit sich die Handy-Etikette breitgemacht hat, formuliere ich diesen Verdacht laut und deutlich, wenn ich auf einer Mobilnummer anrufe. »Störe ich?«, frage ich automatisch und rechne es dem Wohlwollen meiner Bekannten an, dass bis jetzt noch nie jemand darauf »Ja, du störst. Und zwar eigentlich seit der Klassenparty damals!« geantwortet hat.

Als es nur Festnetztelefone gab, war es jedem Anrufer egal, ob er störte oder nicht, er hat einfach losgequatscht, und man musste irgendwann bremsend »Du, ist gerade schlecht, wegen großer Ameisenvernichtungsaktion hier. Ich ruf später zurück!« sagen. Seit der Mobilmachung der Gespräche aber wird unterstellt, dass ein Anruf auch mal ungelegen kommen könnte. Deswegen gilt als nett, wer sich nach den Umständen erkundigt, in die er platzt. »Stör' ich gerade?« heißt eigentlich »Was machst du gerade?«.

Der Hauptsatz ist also nicht nur recht indiskret, sondern auch stark rhetorisch. Noch nie jedenfalls hat auf die Frage »Stör' ich?« jemand zu mir einfach »Ja« gesagt und aufgelegt. Allerdings rufe ich auch selten Boxmanager an, sondern meist zivilisierte Mittzwanziger. Die antworten entweder »Nein, störst gar nicht«, oder sie erklären mir, was sie gerade machen und hoffen, dass ich so schon selber merke, ob ich störe. Sie sagen: »Du, ich jongliere hier gerade mit brennenden Gartenstühlen, fahre freihändig, und dahinten kommt die Polizei, aber passt schon, was gibt's denn?«

Meine Aufgabe ist es dann, dieses Gerede zu ignorieren und so zu telefonieren, wie ich es vorhatte, ganz als wäre es friedliche Festnetzzeit. Es handelt sich bei »Stör' ich?« nur um eine scheinbare Rücksichtnahme, ganz eigentlich ist es sogar brüskierend. Denn wenn ich von siebzehn Menschen angerufen werde, die mir alle ihr vorwitziges »Stör' ich, stör' ich?« in die Ohren pusten, auf das ich stets »Nein, gar nicht« antworten muss, wie fühle ich mich dann? Genau, wie einer, dessen Tagwerk vollkommen unerheblich und dessen Leben insgesamt so undringlich ist, dass auch tausend Anrufer nicht stören würden. Der Leser ahnt es: Dieses Gefühl ähnelt ziemlich genau dem nach der Klassenparty.

»Ich rechne immer noch in D-Mark«

 Wenn ich mal in die Verlegenheit käme, bei einem Malwettbewerb ein Bild von einer Kaffeefahrt abliefern zu müssen, würde ich einfach einen Bus zeichnen, aus dem ganz viele Sprechblasen aufsteigen. In allen Sprechblasen stünde immer genau dieser Hauptsatz. Busse und Sprechblasen könnte ich gerade noch zeichnen, alte Menschen aber nicht, deswegen kämen die nicht aufs Bild. Sie sind aber natürlich die Topzielgruppe des Satzes, denn nur sie haben auch Jahre nach Einführung des Euros die Registrierkassen in ihren Köpfen noch nicht umgestellt. Der Satz wirkt mittlerweile schon etwas kauzig, aber zur Strafe müssen seine Benutzer ja auch auf Kaffeefahrt gehen. Und solange sie dabei nicht das Wort »Teuro« wieder aus seinem Exil holen, dürfen sie meinetwegen noch alles in D-Mark rechnen.

Weitaus verbreiteter und auch in den Sprechblasen der Jugend zu finden, ist dagegen noch die Gewohnheit, ausgewählte Euro-Preise vor Ort laut in Mark umzurechnen. Die dabei gewonnenen Ergebnisse sind unbedingt mit einer Empörung vorzutragen, auf die jeder UN-Chefankläger stolz wäre. »Überleg mal, das wären fast hundert Mark!«, murunkelt es landauf, landab in den Supermarktregalen. Derjenige, der sich das überlegen soll, muss die Augen aufreißen, kurz so tun, als würde er selber nachrechnen, und sagen: »Stimmt, sind ja fast hundert Mark.« Dann muss er gefälligst den überteuerten Radieschenbund oder die Olivenholzsalatlöffel wieder ins Regal stellen, denn jetzt weiß er, dass er das Zeug zu D-Mark-Zeiten nimmermehr gekauft hätte. Hundert Mark hätte man damals für überhaupt gar nichts ausgegeben. Die hatte man auch nicht, weil man vielleicht erst elf war. Jedenfalls entsteht durch das schockartige Umrechnen in alte Währung heute der Eindruck, in der guten, alten D-Mark-BRD hätten sich Händler Beträge jenseits der Fünfzig-Mark-Grenze nur sehr selten erlaubt. Tja, mit dem Euro sind diese guten Sitten leider ins Kraut geschossen. Bedauerlich finde ich auch, dass in den letzten Jahren der D-Mark die Menschen nicht quasi umgekehrt vor den Regalen gestanden und also jubiliert hatten: »Überleg mal, das werden bald nur 50 Euro sein!«

An die ersten Monate des Euros erinnere ich mich noch gut. Es war die Zeit, in der ich immer sehr unpünktlich war. Denn durch das fortwährende Halbieren der alten Preise oder ständige Verdoppeln der neuen hatte ich automatisch begonnen, mit allen Zahlen, die mir unterkamen, so zu verfahren. Wenn mir jemand sagte, ich hätte um 18 Uhr zu erscheinen, halbierte ich die 18 wie von selbst, als wäre es noch die alte Zeit und nicht die neue Eurozeit. Genauso ging es mir mit den Altersangaben von Menschen und Kennziffern von Autobahnen, ich verdoppelte und halbierte wie ein abtrünniger Taschenrechner. Als ich sogar anfing, Telefonnummern im Kopf umzurechnen, wurde es zum Glück Sommer, und ich knallte mit dem Kopf gegen die Leiter vom 1,5-Meter-Sprungturm im Freibad. Als ich damals die Augen wieder aufmachte, war es wieder der Drei-Meter-Sprungturm, und dabei blieb es bis heute. Seitdem finde ich den Euro gut und witzig. Nur eben halt furchtbar teuer.

»Hab' ich auf Spiegel Online gelesen!«

 Nicht sehr oft denke ich an die Erfindung der Sonnenuhr. Es muss aber dufte gewesen sein, damals. Endlich hatten die Menschen etwas, das ihren Tag einteilte, das sie verfluchen konnten, wenn es zu schnell verging, und verfluchen, wenn es zu langsam verging. Endlich war das Dasein nicht mehr nur einfach da, sondern in eine vernünftige Form gebracht. Wie Kuchenteig, der ohne Backform ja nur was ganz Dummes, Fläziges ist und aus dem auch erst mit Form etwas wird, das alle gerne haben.

Ich habe, das sagt mir mein Spiegelbild, die Sonne seit etwa Anfang November nicht mehr gesehen, jedenfalls nicht regelmäßig genug, um meinen Tag danach auszurichten. Außerdem verbringe ich die meiste Zeit des Tages in einem Nordzimmer und kann deswegen froh sein, wenn mal ein sonnengelber Laster auf der Straße vorbeifährt. Sonnenuhr funktioniert also nicht, deswegen strukturiere ich meinen Tag mit Spiegel Online. Dieses ist schließlich ein Konkurrenzprodukt, das es im Auge zu behalten gilt. Mit dieser vermeintlichen Verpflichtung schlich sich einst meine SpiegelOnline-Sucht ein.

Sie ist, wie jede Sucht, eine dumme Hassliebe, die ich an manchen Tagen im Griff habe, an vielen aber gar nicht. An den besonders schlimmen Tagen bin ich so bräsig und kreativ desorientiert, dass ich nichts anderes vermag als auf das Spiegel-Online-Bookmark zu klicken. Und zwar in einem Zehn-Minuten-Takt, auf dessen Genauigkeit die hiesigen öffentlichen Nahverkehrspersonenbetriebsmittel stolz wären. Ich bin mir dabei zwar bewusst, dass es viele, sehr viele Alternativen gäbe, aber mir fällt dann partout kein anderes Surfziel ein. Stattdessen langweile ich mich lieber alle zehn Minuten neu auf Spiegel Online und verwünsche die Hamburger, weil sie nicht in der Lage sind, einen frischen Aufmacher zu bringen. Oder wenigstens den Hintergrund mal für mich in neonkhaki zu färben.

Das ist natürlich ungerecht, denn auch Spiegel Online kann sich nicht alle zehn Minuten eine neue Weltkrisenhiobsüberschrift ausdenken. Aber welcher Süchtige kann noch gerecht und ungerecht auseinanderhalten? Stattdessen dreht sich meine Spiegel-Online-Stumpfsinnspirale immer schneller. Das Einzige, was mir bei so einem akuten Anfall für Sekunden Linderung bereitet, ist der kurze Moment in dem die Seite lädt, in dem ich voll Neugier und guter Hoffnung bin – um dann, des ganzen alten Krams gewahr, noch tiefer abzustürzen.

Natürlich lese ich bei jedem dieser schrecklichen Besuche auch irgendwas, klicke nach Stunden geschwächt sogar durch die Bilderstrecke oder den Autotest von letzter Woche. Es kam sogar schon vor, dass ich auf die MediaMarkt-Werbung geklickt habe, weil sie das Einzige war, das ich noch nicht kannte. Da ahnte ich, dass ich ernsthaft durcheinander war. Ich entwöhne mich derzeit also, wie sich ein Starkraucher entwöhnt. Momentan bin ich auf acht bis zehn SpiegelOnline-Besuche am Tag runter. Mein Wunsch wäre es auf drei Besuche pro Tag zu kommen, dann hätte ich vielleicht ein normales Leben wie andere auch. Und käme mal wieder öfter an die Sonne.

»Typisch Mann!«

Mit diesem Satz betreten wir eine schiefe Ebene. Oben stehen Frauen, die ihn aussprechen. Unten stehe ich, dem der Satz an den Kopf klatscht. Übrigens rufen Frauen, wenn sie mehrfach vorhanden sind, noch lieber nur »Männer!« und ergehen sich danach in einem solidarischen Schnauben, wie man es eigentlich von Pferden kennt. Dieses schwesterliche Schnauben ist dann die kürzeste Form rhetorischer Verständigung – über die Unmöglichkeit von Männern im Allgemeinen und von diesem hier im Besonderen.

»Typisch Mann!« ist immer eine Zurechtweisung, es wird nie in bewundernder Form benutzt. Wenn ich einen Baum gefällt oder einen verheerenden Altstadtbrand mit eigenen Händen gelöscht habe, höre ich es nie. Stattdessen erreicht es mich stets als mahnender Hinweis dafür, dass ich etwas nicht ausreichend würdige oder ich es durch jungsspezifisches Verhalten gerade zerstört habe.

Als Klassiker darf dabei das Zusammentreffen mit jungen Tieren gleich welcher Gattung gelten. Sie versetzen anwesende Damen stets in einen Zustand quiekender und streichelnder Verzückung, während ich routiniert dazu anmerke, dass mir das Tierchen in Begleitung von Knödeln und Blaukraut noch lieber wäre. Die Wahrscheinlichkeit, dass darauf in den nächsten fünf Sekunden der Hauptsatz im Duett mit verdrehten Augen zu erleben ist, liegt bei nahezu hundert Prozent, und ich genieße diese Erfolge sehr.

Erstaunlich ist, dass auch Frauen den Satz benutzen, die sonst jegliche Geschlechtsverwandtschaft mit Gaby Köster und Anke Engelke, den Vestalinnen des »Männer!«-Schnaubens, abstreiten würden. Selbst Leuchttürme aus Geist und Intellekt äußern die Vermutung, dass ich die herzförmige Sternformation am Nachthimmel oder das zarte Rauschen des Waldes nur wegen meines profanen Mannseins nicht wahrnehme. Sie werfen mir ernsthaft enttäuscht mein Geschlecht vor und meinen mangelhaften Versuch, es wenigstens einmal zu vertuschen. So ähnlich muss es Linkshändern in Militärakademien vor zweihundert Jahren ergangen sein.

Dabei höre ich Waldrauschen einfach schlecht. Das ist so ein Hörschaden, der bei uns in der Familie seit Generationen weitervererbt wird. Natürlich nur in der männlichen Linie.

»Ich glaube, das kann man schon noch essen«

 Meine Eltern versichern mir auf Nachfrage glaubhaft, dass ich als Kind an keiner einzigen Bombennacht teilgenommen habe. Die längste Hungersnot, die ich je unter ihrem Dach zu erleiden hatte, siedeln sie im einstelligen Stundenbereich an. Frieden und Überfluss prägten ihren Schilderungen zufolge mein Leben seit meiner ersten persönlichen Zellteilung. Es ist also nicht leicht einsehbar, warum mich heute Panik befällt, wenn sich einzelne Lebensmittel in meiner Küche anschicken abzulaufen. Dieses Verb finde ich übrigens ebenso seltsam, wie es in diesem Zusammenhang unvermeidlich ist. Kommt es aus der Kaufmannssprache, wo Waren gelöscht werden und Frischkäse abläuft? Jenseits von Flüssigkeiten laufen doch sonst nur Ultimaten und Countdowns ab, da knallt es dann meistens, weil die Rakete, Bombe oder eben eine Lösegeldaktion mit Schießen losgeht.

Der Countdown auf dem Joghurt in meinem Kühlschrank läuft aber sehr still und unmerkbar ab, noch dazu immer mitten in der Nacht. Am nächsten Morgen greife ich danach und das ausgestanzte Kainsmal am Deckelrand verkündet eiskalt seinen Ablauf. Natürlich esse ich den Joghurt dann sofort. Weiß ja jeder, dass man das Zeug noch ewig schadfrei zu sich nehmen kann, kein Problem. Aber es ist ein anderes Essen, dieses Verspeisen von Nahrung, die offiziell nicht mehr Nahrung sein darf. Vor dem Auslöffeln muss ich den alten Quark erst mit einem extra dafür bereitstehenden Blick streng fixieren. Er offenbart dabei nie etwas anderes als industriell abgefüllte Oberfläche, von der ich mir dennoch einbilde, dass sie erste Anzeichen einer keimenden Unruhe aufweist. Schunkelnde Bakterien sehe ich dabei zwar nie, aber nach Kontrollblick und einem alarmierenden Kontrollgeschnüffel (ewige Frage: Riecht das wirklich immer so?) kann ich sie quasi schon mit Händen greifen, die Bakteriengeschwader. Deswegen schnell runter damit, in die hochsterile Laborfläche, die ich unter dem Codewort »Magen« ständig mit mir herumtrage. Der Verzehr von Abgelaufenem ist ein skeptisches, hastiges Essen, bei dem ich mich fortlaufend danach sehne, Dinge zu essen, die nicht abgelaufen sind. Es ist kein Genuss, sondern Vernichtungsarbeit.

Danach bin ich zufrieden aus einem eher banalen Grund: Ich habe etwas gegessen, bevor es niemand mehr essen kann, habe 150 Gramm Brei seiner Bestimmung zugeführt und sie nicht verkommen lassen. So weit, so leicht neurotisch. Allerdings gerate ich regelmäßig auch in Extremsituationen, denn von ausschweifenden Mahlzeiten sammeln sich bei mir laufend halbvolle Töpfe und Schüsseln mit Nudeln, Brotkanten und Fischsuppe. All diese wertvollen Überbleibsel schichte ich zunächst sorgsam und artgerecht verpackt in meinen Kühlschrank und trage in meinem Kopf ständig Listen mit den Ablauffristen dieser Essensreste mit mir herum. Diese Listen sind so komplex, dass ich bestimmt ein leitender Logistiker in einem Lebensmittelunternehmen werden könnte, wenn ich sie nur mal ausdrucken und in eine Bewerbungsmappe legen würde.

Jedenfalls gehen nach drei Tagen die Sirenen, und ich stelle fest, dass ich alle Reste sofort essen muss. Dann sitze ich, obwohl ich eigentlich das Haus in Richtung Restaurant verlassen wollte, vor dem Kühlschrank und schichte das ganze Zeug wieder um: aus den Fächern in mich rein. Dabei flüstere ich ständig zur eigenen Beruhigung den Hauptsatz, während ich Nudeln und kalte Soßen, schrumplige Hühnerbeine und komische Kartoffelsalate vor dem Mülleimertod rette. Es geht dabei gar nicht unbedingt um den Hunger in der Welt, sondern um ein unbestimmtes Schuldgefühl den Dingen gegenüber. Als würden sie mich aus dem Mülleimer noch klagend ansehen und sagen: »Erst kochst du uns und jetzt Adieu im Müll?« Schreckliche Vorstellung! Dann doch lieber den Hauptsatz, Nase zu, Mund auf und durch. Hat bis jetzt noch nie geschadet. Wobei diese Fischsuppe von vorhin doch wirklich schon ganz sch ...

»Ich schick' dir mal den Link«

Bergleuten, das weiß man, ist auf ihrer Fahrt in die Grube »Glück auf!« zu wünschen. Schauspielern muss man über die Schulter spucken und dabei »toi, toi, toi« rufen und das traditionelle »Grüß Gott!« der Astronauten hat sich längst über die Berufsgrenzen ausgebreitet. In meinem Beruf aber wünscht man im Aufzug einander »Ich schick dir mal den Link!«, bevor man sich in die Zimmer verteilt, um dort alleine dem Bandscheibenvorfall in die Hände zu arbeiten.

Das Linkschicken ist eine seltsame Para-Kommunikation. Im Grunde erklärt mir damit der andere einen Weg, den ich nie gefunden, aber auch nie gesucht hätte. Er behelligt mich mit einem Fundstück, auf das er so stolz war, dass er damit nicht alleine bleiben wollte. So eine Linksendung kommt ohne weitere Worte aus. Das schlichte, unterstrichene Gekröse, das da in der Mail einläuft, ist wie ein stummer Portier, der die Tür aufhält. Es sagt: »Kommst du mal bitte?«

Ich kann es nicht ausstehen. Ich mag schon nicht, wenn mir Menschen mit enormem Spreizeinsatz die S-Bahn-Türen aufhalten, nur damit ich mich vor ihren Augen durchwinden kann. Ich gehe dann aus Trotz erst recht nicht hin, ähnlich verhält es sich bei so einem Link. Wobei ich an der S-Bahn ja weiß, was mich hinter der Tür erwartet. Bei einem mit »Betreff: Hähä, Autsch!!!!« geschickten Link von meinen falschen Freunden weiß ich es nicht. Sorglos draufgeklickt lande ich auf nüchternem Magen in einem Filmchen, in dem ein Mensch sein Bein fachgerecht in vier gleich große Teile zerlegt. Oder auf einem Foto, das Franz Müntefering beim Faustkampf mit dem Superkaninchen zeigt. Oder, wie in den meisten Fällen, auf einem langen Artikel aus der New York Times, in dem irgendwer mit irgendwem gehörig abrechnet. Alle diese Dinge verdürben mir meinen Morgen, deswegen surfe ich nicht mehr auf unverlangt eingesandte Links. Im Büro wie in der S-Bahn aber verlangen die Menschen dankbare Blicke für ihren Einsatz, im Falle eines Links sogar inhaltliches Feedback. Was morgens verschickt wurde, wird mittags abgefragt: »Hast du meinen Link angeschaut, kra-hass, oder?« Zum Glück reicht dann meist ein begeistertes Nicken. Die Linkversender achten nämlich gar nicht darauf, sondern erzählen gleich, was sie noch alles im Internet entdeckt haben. Die urkomischsten Sachen sind da dabei, so unfassbar und großartig, dass ich nach wenigen Minuten unablässig nur noch einen Satz betteln kann: »Schick's mir auch! Schick's mir auch!«

»Dafür sind die doch da!«

Ein eins a Elternsatz. Man wird ihn so lange in der eigenen mentalen Warteschleife mit sich schleifen, bis man ihn endlich an seine Kinder weitergeben kann. Dabei hat man doch selber so unter diesen Momenten gelitten, in denen man von seinen Erzeugern mit diesem Satz in die Welt geschickt wurde. Hin zu all den Schaffnern und Bademeistern, die angeblich nur dafür da waren, schüchtern-doofe Fragen nach Öffnungszeiten und Eispreisen zu beantworten. Auf diese Weise wurde man schon früh an etwas herangeführt, das man später Dienstleistungswüste nennen würde. Wobei das mit der Wüste vielleicht auch nur von diesem Satz kommt. In anderen Ländern sagen die diversen Dienstleister ihn ja gerne mal von selber oder zumindest die Floskelform: »You're welcome!«

Hierzulande aber geht die Elterngeneration mit ihrem gezückten »Dafür sind Sie doch da!« auf jeden zu, der das Pech hat, in einem

Hemd mit Namensschild zu stecken. Die Resoluten übersehen dabei, dass sie es in diesem Augenblick sind, die den Aufgabenbereich abstecken, für den die anderen da sein sollen. Ich nehme mal an, dass all die Hausmeister, Berufsberater und Bahnangestellten deswegen so sind, wie sie sind – weil ihnen ständig ungefragt der Grund ihres Daseins auf Gottes Erde genannt wird.

Einen umwerfenden Beweis dafür, dass der Hauptsatz manchmal auch goldrichtig ist, hat meine Mutter neulich erbracht. Ihr Fernseher zeigte kein Bild mehr. Wenn mein Fernseher nichts mehr zeigte, würde ich ihn ein- und ausschalten, Batterie und Steckdose überprüfen und dann bei Google »Fernseher geht nicht mehr« plus Markenname eingeben, in der Hoffnung, auf ein Forum von Leidgenossen zu stoßen. Dann würde ich mich bemitleiden, zwei Monate gar nichts machen und schließlich einen neuen kaufen. Meine Mutter also hat den Fernseher ebenfalls aus- und eingeschaltet und neue Batterien in die Fernbedienung, aber war alles nix. Am nächsten Tag ist sie in die Stadt gefahren, mit der Fernbedienung in der Handtasche. Damit rein zu Karstadt und in die Elektroabteilung, und zwar schnurstracks, wie sie am Telefon betonte. Denn schließlich: »Dafür sind die doch da!«

Ich kniff nun schon die Ohren zusammen in Erwartung der schlimmen Dienstleistungswüstenschilderung, die auf so eine absurde Aktion unweigerlich folgen musste. Zumindest in meiner Welt. Aber nichts da. Meine Mutter wurde mit Fernbedienung von einem sehr netten (!) Spezialmitarbeiter (!!) in einen kleinen Fernsehserviceraum (!!!) komplimentiert. Dort wurde die Fernbedienung einem amtlichen Funktionscheck unterzogen. O-Ton Mama: »Wie sich das gehört.«

Wieder daheim lief der Fernseher in allerbester Manier und konnte jetzt als Dreingabe sogar noch belgische Waffeln backen. Aus mir quallten Laute des Unglaubens und der Bewunderung für diese unfassliche Begebenheit. Aber meine Mutter wunderte sich kein bisschen. Schließlich, dafür sind die doch da, die Fernbedienungsfachangestellten!

»Ich glaube, ich brüte was aus«

Ein schlimmer Satz, der allen Zuhörern eine Sekunde lang eine durchschwitzte Fieberdecke ins Gesicht hängt. Es hat ja schon einen Sinn, dass jemand der krank ist, nicht in die Schule oder zur Arbeit kommt: Ganz einfach weil Kranksein so fürchterlich unappetitlich ist. Die Geräusche, die Gefühle, das Gepfütze und Getropfe macht man besser mit sich allein aus. Deswegen finde ich den Satz jenseits von sterilen Räumen an sich schon höchst problematisch und infiziös. Auch was die richtige Reaktion auf diese Ansage angeht. Soll man aus dem Stand zwei Meter weghopsen? Das Brütgut genauer lokalisieren? Sich aus Solidarität anstecken? Keine Ahnung.

Meine oberste Regel beim Kranksein lautet übrigens: bloß nicht persönlich nehmen. Ich tendierte wie alle Männer dazu, im Schwellen von Lymphknoten, im Röten von Augen und Nasen, in Ausschlägen und Krämpfen den unaufhaltsamen Verfall eines Königreichs zu interpretieren und darüber in Kriegszorn, dicht gefolgt von Selbstmitleid, zu verfallen. Und wie ein guter König gab ich mir an dem Verfall selber die Schuld. Seit ich all diese eitrigen Sachen aber nicht mehr persönlich nehme, geht es mir beim durchschnittlichen Kranksein besser, und ich spule mein Standardprogramm zweimal pro Jahr mit wissenschaftlicher Objektivität ab: Phase 1, das ist die erste Ausbrütphase, umfasst dabei vor allem das Trinken von Tee. Das ist einfach und gibt mir das Gefühl, mich vernünftig zu verhalten, ohne schon richtig krank zu sein. Allerdings wird es immer schwieriger, einen Tee zu finden, der tatsächlich gegen Erkältung helfen soll und nicht nur für Erkältungswetter gedacht ist. Teetrinken hilft aber natürlich sowieso nie was, macht nur warm im Mund. Phase 2 ist eine ebenfalls warme Infrarotlampe, vor die ich mich setzen und die Augen schließen muss, weil meine Mutter telefonisch darauf schwört. Sie nehme das immer, wenn sie merkt, dass was ausgebrütet wird. Vor dem Rotlicht ist es ein bisschen, wie wenn man beim Grillen die Würste bewachen muss, nur dass man noch nicht betrunken ist. Während ich so brate, denke ich unvermeidlich und ausdauernd darüber nach, was über die Schädlichkeit von Infrarotstrahlen bekannt ist und warum sie in diversen Science-Fiction-Serien Schäden anrichten. Das lenkt gut ab. Nach 15 Minuten riecht es immer leicht verbrannt, und ich breche die Infrarotsitzung ab, glühe aber im Flur noch nach. Phase 3 ist das Inhalieren, das mir diverse dauerverstopfte Freundinnen unbedingt empfehlen. In Krimis werden Menschen, die alleine in ihrer Küche inhalieren, gerne von hinten überfallen und final in die heiße Inhalierschüssel geprellt. Es reicht aber auch, einen Tick zu feste einzuatmen, wenn der Wasserdampf einen Tick zu heiß war – schon leisten einem infernalische Schleimhautschmerzen Gesellschaft. Dann ist jedenfalls viel heiße Luft im Kopf, und die lässt mich umgehend zu Phase 4 taumeln: Fiebermessen unter Zuhilfenahme des sehr wichtigen Satzes »Ich glaube, ich habe erhöhte Temperatur«. Da ist dann schon zu Ende gebrütet. Das Feststellen der Fiebertemperatur ist das Roulettevergnügen des kranken Mannes und kein direktes Abhilfemittel. Während die Handhabung des Fieberthermometers mit dem klassisch-brutalen Runterschütteln der Quecksilberersatzflüssigkeit einer jener Bewegungsabläufe ist, die jedem Mensch urgeläufig sind, gehen bei der Interpretation der gewonnenen Hitzedaten die Kenntnisse auseinander. Ungefähr weiß ich, dass es ab 40 Grad brenzlig wird. Aber ich fühle ehrlich gesagt auch nicht die Bereitschaft, mit den Worten »Ich habe grade 40,2 Grad bei mir gemessen!« einen Krankenwagen zu rufen. Außerdem sind es bei mir ohnehin immer nur maximal 38,4 Grad.

Nach diesen vier Schritten bin ich so wohlig erschöpft vom Kranksein, dass ich neben dem Fieberthermometer einschlafe. Am nächsten Tag bin ich dann noch etwa sieben Stunden krank, dann wieder gesund. War bisher immer so, egal wie massiv vorher ausgebrütet wurde.

»Google's halt mal«

Rein lautmalerisch könnte dieser Satz auch als chinesischer Provinzdialekt durchgehen. Immer wenn ich ihn höre, muss ich aber nicht nur an China, sondern auch an einen alten Fernsehwerbespot denken, in dessen unseligem Verlauf eine junge Aufgedrehte bei der Telefonauskunft anruft und etwas ins Telefon kräht. Die nette Auskunft erteilt ihr daraufhin die nette Auskunft, dass es sich bei dem Gekrähe wohl um Mozarts Zauberflöte handle und es außerdem ein Leichtes wäre, die Aufgedrehte mit ebendieser zu verbinden. Dem Traum von der allwissenden Dienstleistung, mit der der Werbefilm ausgerechnet eine Telefonauskunft schmücken möchte, kommt natürlich viel eher die Suchmaschine nahe. Die lässt sich zwar noch nichts vorsingen, ergänzt aber doch hervorragend Halb- oder Viertelwissen zu Dreiviertelwissen oder totalem Irrtum. Wie hat man das früher gemacht, wenn man von einem Lied nur noch ein kleines Stückchen Text auf der Zunge hatte? Man hat sich dafür den Nerd-Freund gehalten, der alles wusste, nur nicht, wie man sich in Gesellschaft verhält! Nun, Nerd-Freunde braucht es jedenfalls nicht mehr, seit Google jeden meiner Gedanken vervollständigt und alle vagen Ahnungen in hunderte Suchtreffer verwandelt. Nerd-Freunde haben damit ihre einzige Existenzberechtigung verloren und sind heute im Dutzend billig zu haben.

Still und heimlich hat die Suchmaschine auch das Monopol auf die Lösung von Streitfragen errungen, die beim geselligen Weintrinken auftreten. Statt »Schlag nach im Brockhaus!« ruft die dampfende Weinrunde mir als dem Hausherrn zu: »Google's halt mal!«, und ich eile in Puschen vor den Rechner und frage die Maschine. Solange es dabei noch um Hauptstädte und Billigfluglinien (»Es fliegt hundertpro eine nach Klagenfurt!«) geht, antwortet sie treulich.

Wird der Wein jedoch mehr, die Streiterei hitziger und werden die Fragen, äh, offener, versagt sie. Schwankend tippe ich (dann mit Glas dabei) ein »Wie heißt noch mal der Asientrend, mit Manga und so?« und erhalte nichts als tausend unklare Allerleis, dabei war die Frage doch klar gestellt! Jeder Nerd-Freund hätte sie beim Fußbaden beantwortet. Die Maschine aber schweigt, ratlos und besoffen schlappe ich zurück in die hitzige Runde und muss feststellen, dass das Gespräch schon ohne mich beim nächsten Knoten angelangt ist. Heißt dieses Kampfsportzeugs »Material Arts« oder »Martial Arts«? (Wir haben jetzt schon sehr viel getrunken.)

Also wieder an den Rechner, diesmal kommen alle mit und feuern Google beim Suchen an – und was macht die überschätzte Maschine? Sie gibt ja doch nur die Dummheit ihrer Menschen wieder. Listet 900 000 mal »Material Arts« auf und auch nur 1 500 000 mal das andere. Unentschieden nahezu! Was gibt es für eine Besoffski-Runde Schlimmeres? Die Luft ist raus, man geht, der Hausherr ist allein und raucht die Juno.

Und dann rufe ich eben doch bei der beknackten Telefonauskunft an, lalle: »Diese asiatische Kampfsportart, heißt'n die, hä?« – Und die nette Dame am anderen Ende trillert: »Ach, Sie meinen die Zauberflöte, Moment, ich verbinde ...«

»Besser als Miete zahlen«

 Im Grunde könnte man mit diesem Satz eine kleine Extrarubrik aufmachen, mit dem Titel »Hauptbegründungen«. Da unsere Leben zunächst zwar sehr individualistisch angelegt sind, aber dann doch überwiegend gleich verlaufen, stehen wir alle dauernd vor ähnlichen Entscheidungen und wissen schon, was an welcher Weggabelung zu sagen ist – weil wir es oft genug von den anderen gehört haben. Wer also über seinen Zivildienst nachdenkt, dem liegt das »Ich will nicht alten Leuten den Hintern abwischen« auf der Zunge. Wer sich überlegt, ein Baby zu bestellen, sagt davor: »Ich glaube, es gibt dafür nie einen perfekten Zeitpunkt.« Wer sich vom Superschatzi trennen möchte, führt ein theatralisch-abgegriffenes »Ich brauche jetzt erst mal Zeit für mich« ins Feld, und rund um eine Beerdigung wird so manche Entscheidung mit einem geheuchelten »Ich glaube, das wäre ganz in seinem Sinne« durchgesetzt.

Was den Satz mit der Miete angeht, so soll er die Inbesitznahme von Immobilien und Land rechtfertigen. Ab einem gewissen Lebensalter häuft er sich rings um den harmlosen Mieter und stellt plötzlich Sinn und Zweck seiner weiteren Existenz in Frage. Dass einem die Immobilienkäufer ungefragt vorrechnen, wie viel rationaler es doch sei, Kredite abzuzahlen statt Miete zu verbrennen, liegt aber nur an ihrem eigenen schlechten Gewissen. Sie nämlich können die drückende Last eines 300 000-Euro-Kredits und die Aussicht auf ihre eigene Verschuldung bis an die Griffe des Rollators eben nicht verkraften. Sie suchen Linderung in Form von Zustimmung zu ihren grotesken Eigentümern. Sie wollen hören, dass sie vollkommen richtig gehandelt hätten und dass man es sich selber ja auch schon längst überlegt etc. Vermeintlich klüger, möchten die Grundbesitzgeier einen nur heimlich auf ihre Seite holen, um dann in einer ihrer vielen schlaflosen Nächte sagen zu können: »Aber alle Freunde« machen es doch auch!« Diesen Gefallen sollte man ihnen nicht tun, sonst fangen sie bald an, auch von Kreuzfahrten und Keramikzähnen zu schwärmen, die strenggenommen viel rentabler, schöner und auf Dauer auch günstiger wären als das, was man bisher so hatte. Im Grunde hat doch jeder Freund irgendeine Sache, die er gerne mit anderen teilen würde, damit er sich nicht alleine damit so doof vorkommt. Die Hundehalter preisen Allroundhunde, Kinderbesitzer den Besitz eines Universalkindes, und wer nichts hat als ein Doppelkinn, versucht auch das noch mit Vernunft zu begründen, zum Beispiel weil er findet, dass Einzelkinne ja immer so verwöhnte Gören sind. Spätestens dann muss man Einhalt rufen und erklären, dass man überhaupt kein eigenes Doppelkinn besitzen möchte – das gemietete reicht doch immer noch völlig aus.

»Das habe ich schon mal irgendwo gesehen«

 Dieser Satz begleitet die Kreativen dieser Welt mindestens ebenso hartnäckig, wie sich die iPod-Ohrstöpsel in ihrer Jackentasche verheddern. Je nach Fachrichtung tritt er auch in den Variationen »schon mal gehört« oder »schon mal so gelesen« auf. Es ist kein guter Satz. Nie würde man ihn selber über die eigene Arbeit sprechen. Nein, sein bevorzugtes Einsatzgebiet sind die Stimmbänder der Kollegen, die mit einer Tasse Kaffee vorbeischlendern, um die Entwürfe von schräg hinten in Augenschein zu nehmen, an denen man seit Tagen herumbrilliert. Dann sagen sie erst und quasi im nachdenklichen Affekt den nicht sehr guten Satz und fügen schließlich noch gönnerhaft an, dass es ja trotzdem alles sehr schön wäre. Nur eben, irgendwo schon mal gesehen, nicht ganz neu vielleicht, kommt ihnen bekannt vor, irgendwie etc. Ergebnis: Die latent nagenden Selbstzweifel des Künstlers quellen sofort über, das Schlimmste ist

geschehen, die große Kunst ist nur noch kleines Kunsthandwerk. Selbst wenn nun zehn weitere Meinungsträger angerollt werden und keiner sich an Vergleichbares erinnert – die vage geäußerte Ahnung eines Plagiats beschattet fortan das Werk und die Synapsen seines Schöpfers takten panisch rund um die Frage: Woher habe ich das? Bin ich noch ich? Und wenn nein, wann wurde ich zum Wiederkäuer?

Am gefährlichsten ist der Satz in all den Konferenzen und Elevator Pitches, die man ständig zu absolvieren genötigt ist. Also in den Situationen, die einzig und allein das ganz Neue und Überoriginelle zur Aufgabe haben. Alles, was verdachtsweise schon mal dagewesen ist, wird dort überschnell totgeschossen und keines Gedanken mehr gewürdigt. Ade, Idee.

Dabei kann doch in den seltensten Fällen der Ideendenunziant sagen, woher ihm dieses und jenes schon bekannt vorkommt. War es ein Film, ein Magazin beim Zahnarzt, war es beim Surfen im Web oder vielleicht doch nur ein Traum? Egal, das schlimme Urteil ist trotzdem überall gerne und schnell geäußert. Denn sein Benutzer landet damit nicht nur einen Schlag unter die Kreativgürtellinie der anderen, sondern selber auch im Glanze toller Weltläufigkeit. Bekannte Situation: Eine Kleingruppe hüpft von einer neuen Idee beseelt herum, bis einer dazustößt, der die ganze Aufregung mit dem lapidaren »Das ist doch uralt, das habe ich im Herbst in London schon überall gesehen« abwürgt. Da fallen die Hype-Häubchen schneller in sich zusammen als die Käsesoufflés in der Kinderkochschule. Schmeichelhafter Nebeneffekt: Der Hype-Töter selber ist das neue Maß der Dinge. So einfach geht das.

Gleichzeitig erfüllt der gleiche Satz in der Branche noch einen ganz anderen Zweck. Da wird ja am liebsten und unerschöpflich von Neuestem und Heißestem getratscht, von dem, was aus Schweden und den USA kommt und zukünftig das Wichtigste und damit Thema sein wird. Am liebsten betreiben solche Trendprognosen jene Chefs, die man duzen darf. Die treten etwa an einem handelsüblichen Dienstagmorgen in den Aufzug und sagen: »Wahnsinn, gestern Abend noch Black Horse gesehen! Kennste oder? Wahnsinn oder?« Man selber googlet im Eiltempo im Hirn nach Erinnerungen an den eigenen Gesternabend und etwas, das Black Horse sein könnte, aber es kommt nur »Wer wird Millionär« raus. Hilfe, ist Black Horse ein Film, eine Band, ein neuer Browser oder Audi? Egal, denn jetzt rettet der Satz »Ahja, hab' ich schon mal gehört« oder auch gern »Hab' ich schon mal was drüber gelesen« den Ahnungslosen. Man muss den Spruch nur mit gekonnter Erinnerungsgeste rüberbringen und schon ist man beinahe gleichauf mit dem Erzähler, der ja bestimmt fortfährt zu erzählen und nicht nachfragen wird, was man denn da genau gelesen hat. Voilà, ein gewahrtes Gesicht mehr im Aufzug.

Der Bluff kann nur nach hinten losgehen, wenn es absolut unmöglich ist, dass über Black Horse schon mal was zu hören war. Wenn es sich also etwa um einen selbsterfundenen Cocktail oder den Namen eines Neugeborenen handelt. In diesen Fällen wird der Schöpfer natürlich auf die eigene Urheberschaft pochen – mit einem Selbstbewusstsein, das ganz schnell klarmacht, warum er der Chef ist und man selber nur der, der den Chef duzen darf.

»So stelle ich mir Kanada vor«

Aus irgendeinem Grund ist Kanada für meine Generation so eine Art Manufactum unter den Reisedestinationen. Vielleicht haben wir das auch schon von unseren Eltern übernommen, die ebenfalls gelegentlich diesen Hauptsatz seufzen, angesichts eines rot verfärbten Ahornblattes oder wenn eine Welle auf dem Ismaninger Speichersee mal weiße Gischt trägt. Wer schon in Kanada war, sagt in Abwandlung: »Das könnte jetzt hier auch Kanada sein.« Der Vergleich jedenfalls adelt alle anderen Landschaften der Welt und kommt immer dann zur Sprache, wenn wahlweise Wasser mit Felsen, Wälder mit Schnee oder alles zusammen plus herbstliche Stimmung auftreten. Der Hauptsatz klingt immer zu gleichen Teilen nach Sehnsuchtsschrei, in der Art, dass man die Zeltferien in Kanada doch endlich mal in Angriff nehmen müsste, und Resignation, dass es wohl vielleicht doch nie klappen wird. Wer Kanada sagt, meint gleichzeitig immer auch: durchschnaufen können, kein Mensch weit und breit, Abenteuer und Bären liegen in der Luft. Das ist so ein Freiheitsbegriff, der offenbar mehrheitsfähig ist, und Kanada hat es geschafft, diesen Reflex in der Weltbevölkerung auf sich zu lenken. Dabei gibt es frische Luft und Bären zum Beispiel auch in Kamtschatka und im Bayerischen Wald. Hört man nie. Gut, gelegentlich wird bei den Stoßseufzern auch noch Schottland bemüht, dann aber eher, wenn es um grüne Hügel mit Schafen und Dauerregen geht. Es wäre interessant, was Kanadier so sagen, wenn sie in die kanadische Wildnis schauen. Und noch interessanter wäre es, bei welchen Anblicken und Situationen die Menschen »So stelle ich mir Deutschland vor!« sagen. In einer Autobahnfabrik? Oder angesichts eines ganz durchschnittlichen Tellergerichts mit Erbsen? Dabei geht es bei diesem Hauptsatz ja gar nicht so sehr um geographisches Unterscheiden, sondern vielmehr um seelischen Eskapismus. Wer auf einem weitläufigen Anwesen in der Lüneburger Heide residiert, stellt sich Kanada bestimmt seltener vor als jemand, der jeden Tag im vierten Stock unter einem Eichenfurniertisch von Segmüller einschlafen muss. Den laden die Sehnsuchtsbegriffe Blockhaus und Wildbach, die sich hinter Kanada verstecken, zu einer deutlich wilderen Party im Kopf ein. Der in der Heide denkt dafür angesichts von sieben abgesägten Baumstümpfen vielleicht an die Skyline von New York oder, wenn er auf der Wiese steht, an Wiesbaden. So will jeder der irgendwo ist (und irgendwo muss jeder sein!), eben auch immer ein bisschen weg. Ganz normal. Nur dass eine so große Menschenmenge ein bisschen nach Kanada wegwill, ist ein Rätsel, das durch diesen Text absichtlich nicht geklärt wird. Wäre ja langweilig.

»Das habe ich so nie gesagt!«

Etwas das meine feste Freundin und ich nicht besonders gut beherrschen, ist das Streiten. Das soll jetzt aber kein rhetorisches Eingeständnis sein, wie es etwa bei Bewerbungsgesprächen gerne verwendet wird. Also Frage: Was sind Ihre Schwächen? Rhetorisches Eingeständnis: Schwächen? Hm, ich glaube ich bin manchmal zu perfektionistisch ...

Nein, wir streiten schon gerne und auch mit durchaus wilden Drohungen, aber irgendwie verheddern wir uns dabei nach relativ kurzer Zeit, zusammen mit dem obigen Hauptsatz.

Meistens geht es beim Paarstreiten ja um irgendeine Begebenheit aus der Vergangenheit, die nun mit etwas Aktuellem verknüpft und aufgeladen wird und dann zürnt einer über den anderen, dass es schon vorgestern oder damals so war und darum jetzt deswegen natürlich diesunddas ist oder warum man sich schon da und da gewundert hat, als der andere das und das gemacht hat. Daraufhin ist es bei uns so, dass die feste Freundin alle meine Anschuldigungen von damals widerlegt. Sie benutzt dafür keine besonders gewitzte Taktik, sondern sagt einfach: »Das habe ich so nie gesagt.« Und hin ist meine ganze schöne Suada, die gellende Anklage basierend auf meiner Erinnerung an ihr Gesagtes. Das macht überhaupt keinen Spaß. Denn wenn die Synergieeffekte von damals abgezogen werden, erscheint der aktuelle Streitgrund meistens noch nichtiger und alberner. Also insistiere ich darauf, dass sie das damals genau so gesagt hat, weil sonst funktioniert nun mal mein ganzes Streiten nicht mehr. Sie aber sagt vehement den Hauptsatz, untermauert mit klugen Begründungen, warum sie dieses und jenes ja gar nicht gesagt haben könnte. Ha! In diesen Momenten wünsche ich mir sehr stark, dass es für das normale Leben auch eine Auto-Save-Funktion gibt wie für Computerprogramme. Warum hat man nie Tonbandaufnahmen zur Hand, mit diesen essentiellen Streitgrundlagen? Das würde das Streiten auf eine geradezu wissenschaftliche Ebene hieven, man könnte sich stundenlang gegenseitig Doofheiten vorspielen und würde so sehr fundiert dem anderen beweisen können, dass er zum Beispiel eine konsequente Inkonsequenzkarriere macht, einen immer vor den Fremden »Hirni« nennt oder eben doch derjenige ist, der mit Streiten anfängt. Denn darüber streitet man ja beinahe auch immer, ab einem gewissen Zeitpunkt.

Nun, leider gibt es jedenfalls diese Tonbandaufnahmen nicht, und deswegen büße ich deutlich Streitkraft ein. Irgendwie endet es dann erst mal damit, dass ich ein einigermaßen hilfloses »Und überhaupt!« in den Raum entlasse und mich aus selbigem entferne, versehen mit allen Attributen eines unversöhnlichen Abzugs. Aber da ist alles schon am Abbröckeln. Allein versuche ich, mir dann noch eine halbe Stunde lang Zorn einzureden und die besagten wiedergekäuten Situationen, in denen die blöde feste Freundin dies und jenes gesagt hat, noch schärfer vors innere Münzfernrohr zu bringen, aber alles wird immer nur noch vager. Nur weil sie so auf dem Hauptsatz insistiert. Schließlich nehme ich mir fest vor, von jetzt an alles Verfängliche und Störende aufzuschreiben, in einem kleinen Elefantenblock. Dann könnte ich immer genau mit Datum und Uhrzeit aufzeigen, wie sie bisweilen ist. Zum Glück setzte ich dieses Vorhaben nie um, denn dann könnte ich mich ja auch gleich bei unsympathischemenschen.de anmelden. Stattdessen rase ich nach vierzig Minuten zu ihr und sage: »He, du doofe Kuh!« Dann sagt sie: »Selber!« Wir strecken uns die Zunge raus, und alles ist wieder gut. Wie gesagt, streiten können wir irgendwie nicht.

»Jetzt ist das Wochenende auch schon wieder rum«

So nett die Erfindung des Wochenendes ist, sie erschöpft mich ehrlich gesagt mehr als die ganze Arbeitswoche. Das liegt daran, dass ich in einem Haus wohne, das von pfeifenden, mittelalten Gutverdienern bevölkert ist. Was sie unter der Woche gut verdienen, pfeifen sie am Wochenende in unmissverständlicher Fröhlichkeit heraus, und zwar samstags ab sieben Uhr morgens und bis Sonntagabend, bis der Tatort kommt, vor den sie sich unter Posaunung dieses Hauptsatzes setzen. Besonders an schönen Samstagen setzt also in dem sonst sehr ruhigen Haus eine Betriebsamkeit ein, gegen die jeder Ameisenhaufen ein Zeitlupenfilm ist. Alle wollen raus an die Luft, die Sonne, den See und die vermaledeiten Berge. Es ist der berüchtigte Freizeitwert Münchens, der jedes Wochenende eine solche Unruhe verbreitet, dass ich davon bestimmt bald eine Fesselleber oder eine Ballonmilz bekomme. Dabei lassen mich die Hausbewohner natürlich in Ruhe, klopfen nicht an meine Tür oder wollen mich mitnehmen an den See, nein, aber der Frischluftgruppendruck ist enorm und dringt durch die Türritzen. Und ab März dringt dabei besonders die nagende Sorge mit, den Sommer zu verpassen. Für diese Angst bin ich hochanfällig. In den zwei freien Tagen am Ende einer Woche müssen sich all die Standards erfüllen, die ich brauche, um den Sommer als solchen zu bemerken: grillen, Biergarten, vom-Steg-in-den-See-hüpfen, Berggipfel sehen, Terrassenpartys geben und besuchen, Erdbeeren pflücken, Steine flitschen, braun werden, Fahrrad fahren, Liegestuhl, Citybeach, Lagerfeuer, Sommerfeste, Flohmarkt, Bowle, Strohhut, Federball etc. Ob das jeweils schön ist, spielt nur eine untergeordnete Rolle, Hauptsache, ich kann es abhaken. Schönes Wochenendwetter erzeugt bei mir deswegen mittlerweile einen Stress, der auch in vielen Schlucken Sommerbowle nicht mehr zu ertränken ist und wird zusätzlich angeheizt von Einladungen und Erlebnisberichten, die auch im Gefestigtsten einen Aktivwahn und Einreihen auf die Ausfallstraßen bewirken würden.

Auf diesen Straßen geht irgendwas verloren, jedenfalls füllen sich meine Sommerbatterien nie so auf, wie ich mir das bei all den Investitionen verspreche. Es tritt ein Sommerwochenend-Memory-Effekt ein, ich muss immer wieder raus, immer noch mal baden und Federball, mindestens solange, bis gnädig abfallende Blätter mir die Absolution erteilen, auch mal Ruhe zu geben. Wenn ich samstags trotz Sommersonne im Bett liegenbleibe, schleicht sich sofort die Vision eines drohenden Regenaugusts ein, eines kompletten Sommerausfalls gar, der zur Folge hätte … ja, was? Dass ich ohne Sonnenbrand wieder auf die Zielgerade des Jahres einschwenken müsste? Ohne Mückenstiche und den Geschmack grillverbrannter Würstchen auf der Zunge? Das wäre ja wissenschaftlich betrachtet, gar nicht schlimm. Nein, was mich umtreibt, ist so eine fixe Sommeridee, eine Art Traumbild, das mir jeden Frühling wieder sehr real vorschwebt – gemeinsam mit den ersten Blütenpollen. Der Sommer soll zu einem einzigen ewigen Moment werden, in dem ich mich frei von Müssen und Sollen in weiche Landschaften einfüge und alles sich selbst genügt. Es soll ein Sommer sein, wie ihn die Kinder aus Bullerbü erlebt haben, oder wenigstens so ähnlich wie das, was man als Schüler in der vierten Ferienwoche der Sommerferien spürte: Wenn eine stabile Augusthitze den Tagesabläufen ganz gleiche Züge gab, wenn die Badetasche gar nicht mehr ausgepackt wurde und die nassen Fußabdrücke am Beckenrand so schnell verdunsteten, dass die Füße keine Spuren hinterließen. Da war Schwerelosigkeit, und die soll jetzt bittschön wieder sein. Das klappt aber nicht, weil diese Leichtigkeit des Sommers auch nur in der Erinnerung so leicht und schön verschwommen ist. Und natürlich, weil in dieser Erinnerung nie der Stau am Autobahnende in Eschenlohe vorkommt oder die Verpflichtung, alte Katzenteppiche zum Wertstoffhof zu fahren. Sechs freie Wochen gibt man mir sowieso nicht mehr, nie mehr, höchstens irgendwann im Hospiz. Was ich bis dahin habe, sind sechs Minuten am Samstagmorgen, in einem Zimmer, durch dessen Ritzen an der einen Seite die alte Sonne reinsonnt und auf der anderen Seite die wendigen Nachbarn pfeifen. Ich weiß, Berg und See sind für heute schon weg. Ich weiß, die Wärme draußen ist schon Hitze. Ich konzentriere mich darauf, nichts zu bewegen, sechs schöne Minuten lang. So ist mein Sommer heute.

»Ich glaube, ich pack's dann bald mal«

 Ich gehe echt schlecht aus. Es ist längst so weit, dass ich Freunde, die anrufen, um mit mir auszugehen, via Telefonschalte miteinander verkupple. Sollen die zusammen gehen, ich bleibe daheim. Die Taste zum Verkuppeln ist auf meinem Handy schon ganz durchgescheuert.

Natürlich verstehe ich das Prinzip Ausgehen. Die Nacht, das Trinken, die Halborte, an denen man sich rumdrückt, Musik und Flirt und Prügeleien. Alles für sich genommen super, alles zusammen aber für mich nicht machbar. Denn ich löse mich, und das muss bitte unter uns bleiben, ab 24 Uhr auf. Erst verliere ich die Konturen zwischen Ohren und Nase, dann alle übrigen. Sodann läuft mir ein rotes Wasser in die Augen. Mein Haar, das tagsüber manierlich lag, weicht im Dunkel eines Clubs auf, um dann schnell zu braunem Flachs zu verkleben. Meine Lippen büßen an Standkraft ein und gönnen sich bei jeder Kopfdrehung ein ruhendes Moment, schwappen also immer ein bisschen zu langsam hinter mir her. Meine Haut talgt wie wild. Über diese und andere Zersetzungen legt sich noch eine dichte Müdigkeit – ein Smog aus Selbstekel, Menschenhass, Verzweiflung und Sodbrennen. So bin ich, wenn ich nach 24 Uhr noch unterwegs sein muss. Deshalb habe ich das Ausgehen ziemlich eingehen lassen.

Ausnahmen sind die vielen lieben Feste bei all den bunten Freunden. Dorthin gehe ich, denn tatsächlich verlangsamt sich der geschilderte Verfall, sobald ich mich in Privatgemächern aufhalte. Vielleicht werden Ärzte ja irgendwann herausfinden, dass ich nur auf diese Hygienekugeln in Pissoirs oder auf Bierdeckel allergisch bin, jedenfalls halte ich in Wohnküchen und auf Balkonpartys etwas länger durch als in Kneipen und Clubs. Trotzdem, wenn sich nicht gerade jemand ein Bein bricht und ins Krankenhaus will, bin ich auch hier meist der Erste, der gehen möchte. Egal, wie gut die Feier ist, ich muss heim. Meine Wohnung ruft mich, wie eine Walmutter ihr Walkind in der Weite des Pazifiks ruft. Mit Sonar und Büchsentelefon.

Nun ist dieser Umstand dem Gastgeber meist schwer vermittelbar. Ich scheue mich davor, als Erster an ihn heranzutreten und mein baldiges Verschwinden zu annoncieren. Gar nicht nur, weil mich sein gekränkter Blick und seine »Bleib doch!«-Propaganda martern. Der kluge Hausherr weiß, dass durch mein Gehen das Fass des Abschieds angezapft wird. Geht einer, schließen sich andere an oder denken zumindest darüber nach. Die Ausgangstür muss also so lange wie möglich unberührt bleiben, der Partychef verteidigt sie streng.

Das alles macht es unheimlich schwer, früh von einem kleinen Fest zu verschwinden. »Ich glaube, ich pack's dann bald mal« aber ist eine wunderbare Augenwischerei, und ich benutze den Satz deswegen gern und heftig. Er ist so gut konstruiert, dass er alle Schärfe des »Ich will gehen!« in etwas Nettes und Unbedrohliches lautmalt. Packen, das tut so, als ob ich erst mal meinen Kram suchen müsste, dass ich noch mal in alle Winkel und Ecken der Festgesellschaft eintauchen würde, bevor es ernst wird mit Adieu. Packen, das beschreibt doch eigentlich erst die Vorbereitung zu einer Abreise und gar nicht die Abreise selbst. Zusammen mit den vagen Genossen »Ich glaub« und »bald mal« wird damit musterhaft verschleiert, was in Wirklichkeit direkt im Anschluss passiert: Ich packe es ganz schnell. Ich gehe. Und oben: »Wo ist denn der Max, hat's der etwa schon gepackt?«

Alexandros Stefanidis
Beim Griechen
Wie mein Vater in unserer Taverne Geschichte schrieb
Band 18758

»Knapp vierzig Jahre, sieben Tage die Woche, fünfzehn Stunden am Tag empfingen wir, die Familie Stefanidis, unsere
Gäste: Professoren und Halunken, Alkoholiker und Politi-
ker, große Familien und stille Einzelgänger – manchmal auch
alle auf einmal. Wir haben gemeinsam mit ihnen Hochzeiten
gefeiert, Geburtstage, sogar Parteigründungen, wir haben
Scheidungen begossen, Begräbnisse betrauert – und wir
haben auf das Leben danach angestoßen. Jassas!«

Der renommierte SZ-Magazin-Redakteur Alexandros Stefanidis erzählt die wunderbare Geschichte seiner Familie, in
deren Zentrum sein Vater Christoforos und das Restaurant
»Der Grieche« in Karlsruhe stehen. Die erste Familienge-
schichte aus der Sicht einer griechischen Taverne.

Fischer Taschenbuch Verlag

Olaf Schubert
Wie ich die Welt retten würde,
wenn ich Zeit dafür hätte

Band 18605

»Meinetwegen kann die Erde rund bleiben …«, doch abgesehen davon herrscht für Olaf Schubert großer Handlungsbedarf. Sei es der tägliche Kampf gegen das organisierte Verbrechen, die zunehmende Umweltverschmutzung oder grassierende Epidemien: Der berühmteste Betroffenheitslyriker stellt sich den globalen Problemen und versucht, die Welt mit seinem losen Mundwerk zu retten. Wie ihm das gelingt und was das Wunder im Pullunder auf seinem beschwerlichen Weg an Abenteuern zu überstehen hat, davon erzählt er offenherzig und ohne Beschönigungen in seinem kuriosen Erlebnisbericht.

Fischer Taschenbuch Verlag

fi 18605 / 1